KCC
건설

인적성검사

KCC건설
인적성검사

초판 인쇄   2022년 1월 10일
초판 발행   2022년 1월 12일

편 저 자 | 취업적성연구소
발 행 처 | ㈜서원각
등록번호 | 1999-1A-107호
주   소 | 경기도 고양시 일산서구 덕산로 88-45(가좌동)
교재주문 | 031-923-2051
팩   스 | 031-923-3815
교재문의 | 카카오톡 플러스 친구[서원각]
영상문의 | 070-4233-2505
홈페이지 | www.goseowon.com
책임편집 | 정유진
디 자 인 | 이규희

PREFACE

우리나라 기업들은 1960년대 이후 현재까지 비약적인 발전을 이루었다. 이렇게 급속한 성장을 이룰 수 있었던 배경에는 우리나라 국민들의 근면성 및 도전정신이 있었다. 그러나 빠르게 변화하는 세계 경제의 환경에 적응하기 위해서는 근면성과 도전정신 이외에 또 다른 성장 요인이 필요하다.

한국기업들이 지속가능한 성장을 하기 위해서는 혁신적인 제품 및 서비스 개발, 선도 기술을 위한 R&D, 새로운 비즈니스 모델 개발, 효율적인 기업의 합병·인수, 신사업 진출 및 새로운 시장 개발 등 다양한 대안을 구축해 볼 수 있다. 하지만, 이러한 대안들 역시 훌륭한 인적자원을 바탕으로 할 때에 가능하다. 최근으로 올수록 기업체들은 자신의 기업에 적합한 인재를 선발하기 위해 기존의 학벌 위주의 채용을 탈피하고 기업 고유의 인·적성검사 제도를 도입하고 있는 추세이다.

KCC건설에서도 업무에 필요한 역량 및 책임감과 적응력 등을 구비한 인재를 선발하기 위하여 고유의 인적성검사를 치르고 있다. 본서는 KCC건설 채용 대비를 위한 필독서로 KCC건설의 인적성검사의 출제경향을 철저히 분석하여 응시자들이 보다 쉽게 시험유형을 파악하고 효율적으로 대비할 수 있도록 구성하였다.

신념을 가지고 도전하는 사람은 반드시 그 꿈을 이룰 수 있습니다. 처음에 품은 신념과 열정이 취업 성공의 그 날까지 빛바래지 않도록 서원각이 수험생 여러분을 응원합니다.

STRUCTURE

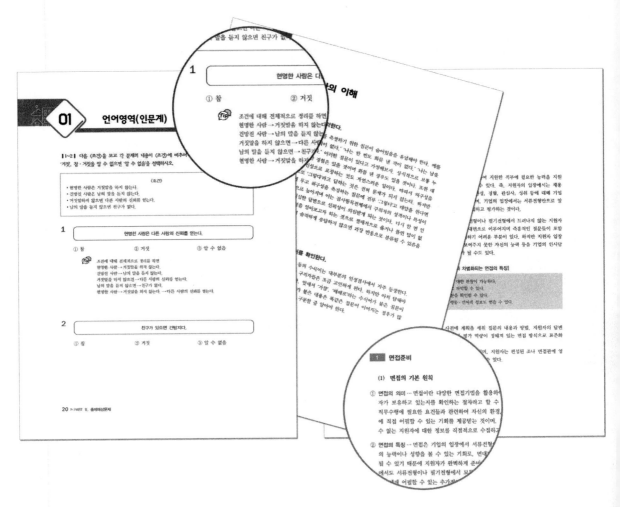

출제예상문제

적중률 높은 영역별 출제예상문제를 상세하고 꼼꼼한 해설과 함께 수록하여 학습효율을 확실하게 높였습니다.

인성검사 및 면접

성공취업을 위한 인성검사와 면접기출을 수록하여 취업의 마무리까지 깔끔하게 책임집니다.

CONTENTS

PART

I

KCC건설 소개

01 기업소개

1 소개

KCC건설은 우수한 인력자원 확보와 기술개발, 완벽한 품질관리를 실현해 왔으며 고객만족을 최우선 목표로 하고 있다. 또한 산업발전의 근간을 이루는 토목사업은 물론, 더 나은 삶의 가치를 추구하는 건축사업과 주택사업, 대한민국 산업을 움직이는 플랜트사업, 그리고 해외건설 사업을 통해 글로벌 건설 코리아의 위상을 높이는데 주도적인 역할을 하고 있다.

그 결과 대통령 표창과 훈장 수상, 우수시공업체로 선정되는 등 일류 건설 회사로서의 입지를 견고히 구축하였고, 과감한 기술개발과 연구에 전력을 쏟음으로써 뛰어난 설계와 완벽 시공으로 그 신뢰와 명성을 착실히 쌓아가고 있다.

KCC건설은 글로벌 초일류 정밀화학기업의 계열사로, 경영상태와 재무구조의 견실도가 국내 대형 건설업체 중 가장 튼튼한 기업이라고 할 수 있다.

2 사업분야

(1) 건축분야

단순한 건물시공이 아닌 혼이 깃든 건축예술로 고객감동을 실천해나가는 KCC건설은 최고의 품질을 자랑하는 KCC의 건축자재를 사용하여 고품격 건축물을 공급하며 내일을 향한 지성을 꿈꾸는 교육시설에서 산업의 견인차 역할을 하는 상업업무 공간, 건설기술이 집약된 최첨단 인텔리전트 빌딩까지 무결점 정신과 혁신적 기술로 고부가가치 영역의 장을 넓혀 가고 있다.

(2) 토목분야

미래의 동반자로서 기업의 책임을 인식하고, 국가의 균형적 발전을 위해 끊임없이 연구하며 오랜 노하우로 어떤 어려운 공사도 완벽하게 수행해내는 KCC건설은 고속도로, 교량, 터널, 철도, 댐 공사 등 국가 기간산업의 근간이 되는 국내 토목사업을 성공적으로 수행함으로써 지역간의 원활한 교류와 산업 발전에 이바지하고 있다.

(3) 주택분야

정신적인 풍요와 삶의 건강함을 누릴 수 있는 공간창조에 역량을 집중하고 있는 KCC건설은 과학적이고 합리적인 공간 설계 연구를 통하여 새로운 제품개발에 앞장서고 있으며 21세기 주거문화를 리드하는 이 시대 최고급 아파트 switzen, KCC건설의 첨단 테크놀러지의 신기원, 초고층 주상복합 주거공간 웰츠타워 등 최첨단을 뛰어넘어 자연환경과 인간이 조화를 이루는 건강한 주거공간을 만들어 나가기 위해 노력하고 있다.

(4) 플랜트분야

KCC건설은 산업 플랜트 분야의 독점적 입지확보를 목표로 플랜트 사업 영역의 새로운 포트폴리오를 구축해감으로써 생산기재 설계에서 공급까지 Full-Service 체제를 갖추어나가고 있다.

3 경영이념

(1) 경영이념

• 환경친화적 경영과 더 좋은 삶을 위한 가치창조

• 기술력과 신뢰를 바탕으로 투명하고 정직한 기업문화 선도

(2) 아파트 건설의 경영방침

• KCC에서 생산하는 국내 최고급 내외장재로 시공하여 최고급의 아파트를 지향한다.

• 50여년간 축적된 건설 기술력으로 최고품질의 아파트를 지어 새로운 주거문화를 창조한다.

• 국내 대형 건설업체 중 견실도(신용등급 5년 연속 'A')에서 최고의 회사라는 자부심을 가지고 가장 싸고, 가장 우수한 아파트를 만든다.

• 2 ~ 3년 내에 국내 1위의 아파트 시공회사로서 자리잡는다.

(3) Management Philosophy

- 철저한 품질관리

- 우수한 인력자원 확보

- 철저한 기획 및 타당성 조사

- 합리적 유지 및 사후관리

- 과학적 설계와 감리

- 과감한 기술개발 투자

- 완벽한 시운전

4 윤리 · 준법경영

KCC건설 임직원은 주인의식과 건전한 윤리적 가치관을 가지고, 항상 정직하고 공정한 자세를 견지하여 개인의 품위와 회사의 명예를 높일 수 있는 사회 구성원이 되고자 한다.

(1) 기본윤리

① 조직인으로서 정직하고 윤리적인 방법으로 건전한 기업문화 조성을 위해 노력한다.

② 회사의 준법규정을 포함하여 업무상 관련된 법규를 이해하고 성실히 이행하여야 할 책임이 있다.

③ 법규를 위반했다고 의심되거나 위반한 사례를 인지하였을 경우 이를 즉시 보고하여야 한다.

④ 모든 임직원은 서로 존중하며 상호 간에 예의를 갖추고 협력한다.

⑤ 약물 · 부적절한 음주 · 폭력 · 차별 · 괴롭힘 · 명예훼손에 해당할 수 있는 비윤리적인 행위를 금지한다.

(2) 직무윤리

① 직위 혹은 회사의 자산을 개인적인 이익을 위하여 사용하지 않으며, 회사의 자산을 보호하고 효율적으로 사용한다.

② 사업과 관련된 모든 기록은 정확하고 정직하게 작성하여야 한다.

③ 조직인으로서 회사가 보유한 영업비밀과 기밀정보에 대하여 철저한 보안을 준수한다.

④ 모든 직무는 정직하고 공정하게 수행하며 일체의 불공정거래를 금지한다.

⑤ 직무와 관련하여 이해관계자로부터의 금전적 이익은 취하지 않으며, 사회 상규상 허용되는 예우를 넘어선 행위를 하지 않는다.

⑥ 임직원 등(가족을 포함)은 회사와 관련된 거래 등에 개인적 이해가 있는 경우 이를 방지하여야 한다.

02 채용안내

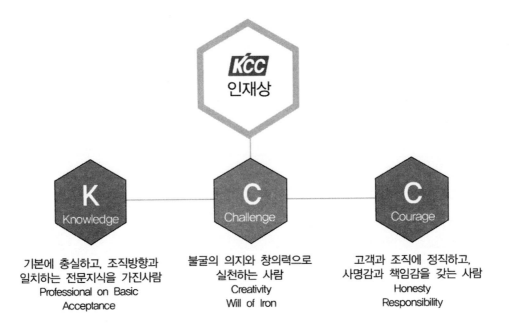

1 KCC인재상

K Knowledge
기본에 충실하고, 조직방향과
일치하는 전문지식을 가진사람
Professional on Basic
Acceptance

C Challenge
불굴의 의지와 창의력으로
실천하는 사람
Creativity
Will of Iron

C Courage
고객과 조직에 정직하고,
사명감과 책임감을 갖는 사람
Honesty
Responsibility

2 인사제도

(1) 직급체계, 평가, 보상

① 직급체계 ··· 직원 개개인의 역량에 따른 합리적 처우와 보상을 위해 5단계 직급체계를 운영하고 있다.

사원	⇨	대리	⇨	과장	⇨	차장	⇨	부장

② 평가제도

모든 구성원이 연간 목표를 수립하여, 개인의 역량과 업무성과를 바탕으로 한 '성과중심, 역량중심 평가'를 통해 구성원의 강점과 약점을 파악하고 이에 대한 피드백을 제공함으로써 글로벌 인재로의 성장기회를 제공한다.

③ 보상체계

객관적이고 공정한 평가결과를 바탕으로 한 연봉제 실시와 연간 업무성과에 따른 성과급 지급을 통해 '역량과 성과에 따른 합리적 보상의 원칙'을 실현하고 있다.

(2) 복리후생

① 의료비 지원 ··· 본인, 배우자 및 자녀의 의료비를 지원하여 정신적 · 경제적 부담을 덜어준다.

② 경조사 지원 ··· 경조사 발생 시 직원과 함께 기쁨과 슬픔을 나누기 위하여 경조휴가를 부여하고 경조금, 경조화환(조화), 장례물품을 지원한다.

③ 주택자금 대부 ··· 직원의 생활안정을 위하여 무주택 사원에 대하여 장기 저리로 주택자금을 대부한다.

④ 건강검진 실시 ··· 직원들이 건강한 삶을 영위할 수 있도록 매년 직원 건강검진을 실시하고 있다.

⑤ WORK-LIFE BALANCE ··· 즐거운 직장생활 영위를 위하여 심리 상담 프로그램 운영, 정시 퇴근 운동 실시, 장거리 근무자의 주말 귀향비 지원 등의 배려를 하고 있다.

⑥ 단체상해보험 ··· 본인 및 배우자의 건강 및 경제적 어려움을 지원하기 위하여 단체상해보험을 운영하고 있다.

⑦ **퇴직연금제도** ··· 직원의 노후 및 생활보장을 위해 퇴직연금제도를 도입, 운영하고 있다.

⑧ **자기계발 지원** ··· 직원의 자기계발을 위하여 사내 외국어강좌(영어, 중국어, 일본어 등)와 사이버강좌(외국어, 자격증, E-MBA)를 운영하고 있다.

⑨ **자녀학자금 지원** ··· 자녀 교육에 따른 경제적 부담을 덜어주기 위하여 고등학생 이상 자녀의 학자금을 지원한다.

⑩ **Refresh Support** ··· 콘도미니엄과 휴가비를 지원하여 몸과 마음의 재충전을 돕고 있다.

⑪ **구내식당 운영** ··· 임직원의 건강관리와 체력유지를 위해 균형있는 식단을 운영하고 있다.

⑫ **동호회 지원** ··· 다양한 동호회 활동을 통한 여가 선용 및 친목 도모를 지원하고 있다.

3 채용안내

(1) 공통 자격요건

① 4년제 정규대학 기졸업자 또는 20년 2월 졸업예정자

② 全학년 평점 3.0 이상(3.0/4.5만점 기준)

③ TOEIC 650점 이상 또는 토익스피킹 5급(또는 OPIC IL) 이상 성적 소지자

④ 병역필 또는 면제자

⑤ 기타 해외여행에 결격사유 없는 자

(2) 우대사항

① 관련 자격 소지자 우대

② 국가보훈처 취업보호 대상자 우대

③ 외국어능력 우수자 우대

(3) 전형방법

| 서류전형 | ▶ | 인/적성 및
면접전형(1월 중) | ▶ | 채용검진(1월 중) | ▶ | 최종합격 |

03 관련기사

강릉~제진 단선전철 제9공구 건설공사

KCC건설은 '국가철도공단'에서 발주한 '강릉~제진 단선전철 제9공구 건설공사'를 지난 11월 8일 수주했다. 총 공사비 2,711억 원(VAT포함) 중 당사분은 488억 원이며, 쌍용건설(45%), KCC건설(18%), 명현건설(7%), 선원건설(5%), 덕홍건설(5%), 삼양건설(5%), 태성공영(5%), 신화건설(5%), 에스지건설(5%) 등과 컨소시엄을 구성하였다.

이 사업 전체구간은 강원도 강릉정거장에서 고성군 제진정거장까지 연결하는 총 111.74km에 달하는 단선전철이며, 당사가 수주한 9공구는 남강릉신호장에서 고성군 제진정거장까지 약 15km 구간이다. 남측 단절구간인 강릉~제진 구간 철도건설로 남북철도 및 유라시아 대륙교통망(TSR, TMR, TCR 등)을 연결하여 남북 간 상생발전을 도모하고, 강릉권과 속초권을 연결하는 철도교통 수단을 제공하여 관광 활성화를 통한 지역 균형발전에 기여할 것으로 기대된다.

-2021. 12. 03.

면접질문 • 본인이 생각하는 협동과 상생의 건설은 어떤 것인지 의견을 말해보시오.

KCC건설 스위첸 2021 대한민국광고대상 대상 수상 '집을 지키는 집, 등대프로젝트'

– 2021 대한민국광고대상에서 대상1, 은상1 수상하며 3년 연속 수상 영예

KCC건설의 주거브랜드인 '스위첸'의 광고 '집을 지키는 집, 등대프로젝트'가 2021년 대한민국광고대상 TV영상부문 대상과 디지털영상부문 은상을 수상했다.

올해로 28회째를 맞는 대한민국광고대상에서 3년 연속 수상을 이어가게 됐다. 실제 KCC건설의 스위첸 광고는 2019년에는 '엄마의 빈방' 캠페인을 선보여 동영상부문 은상을 수상했다. 지난해에는 '문명의 충돌' 광고를 선보여 TV부문 금상을 받았다.

이번 광고 '집을 지키는 집, 등대프로젝트'는 일상에서 매일 마주하고 함께 하지만 당연하게 생각했던 '경비원'에 대한 이야기를 다뤘다. 특히 '모두의 불이 꺼지는 시간 여전히 불이 꺼지지 않는 집이 있습니다'라는 카피를 통해서는 언제나 모두를 위해 빛을 비추어 주는 경비실과 경비원분들에 대한 소중함을 다시 한번 느낄 수 있는 계기를 만들었다.

여기에 광고 말미에는 실제로 노후된 경비실 환경을 개선하는 KCC건설의 나눔경영 프로그램인 '등대 프로젝트'가 함께 나와 소중함과 고마움을 재조명하는 것에서 그치지 않고 경비원분들의 실질적인 근무 환경 개선을 위해 노력하는 진정성을 느끼게 했다.

KCC건설은 '스위첸 등대프로젝트'를 통해 전국 KCC건설이 건설한 아파트 내 40여 개 이상의 노후 경비실을 무상으로 개선해 주는 사업을 실시하고 있다. 경기 분당 금강 이매촌 아파트를 시작으로 내·외부 보수, 책상 및 의자 등 집기류 교체, 소형 에어컨 및 냉장고 설치 등 경비원분들의 근무환경을 개선했다. 올해 계획했던 40여 개의 경비실의 개선 공사를 마쳤다.

KCC건설 관계자는 "회사의 결정과 실행에 시청자분들의 공감과 응원이 더해져 이번 캠페인이 유튜브 조회수 약 3320만 뷰를 기록할 수 있는 원동력이 된 것 같다"며 "전국의 경비실 개선 실황을 직접 확인할 수 있는 '등대프로젝트 스페셜 영상'을 선보일 예정"이라고 말했다.

–2021. 12. 02.

면접질문	• 더 좋은 삶을 위한 가치란 무엇인지, 이를 위해 KCC건설이 나아가야 할 바를 생각한 대로 말해보시오.

PART

II

출제예상문제

언어영역(인문계)

▌1~2▐ 다음 〈조건〉을 보고 각 문제의 내용이 〈조건〉에 비추어 논리적으로 참이면 '참', 거짓이면 '거짓', 참·거짓을 알 수 없으면 '알 수 없음'을 선택하시오.

〈조건〉
- 현명한 사람은 거짓말을 하지 않는다.
- 건방진 사람은 남의 말을 듣지 않는다.
- 거짓말하지 않으면 다른 사람의 신뢰를 얻는다.
- 남의 말을 듣지 않으면 친구가 없다.

1

> 현명한 사람은 다른 사람의 신뢰를 얻는다.

① 참   ② 거짓   ③ 알 수 없음

 조건에 대해 전체적으로 정리를 하면
현명한 사람→거짓말을 하지 않는다.
건방진 사람→남의 말을 듣지 않는다.
거짓말을 하지 않으면→다른 사람의 신뢰를 얻는다.
남의 말을 듣지 않으면→친구가 없다.
현명한 사람→거짓말을 하지 않는다.→다른 사람의 신뢰를 얻는다.

2

> 친구가 있으면 건방지다.

① 참   ② 거짓   ③ 알 수 없음

위 조건들의 대우를 살펴보면
거짓말을 하면 현명하지 않은 사람이다.
남의 말을 들으면 건방지지 않은 사람이다.
다른 사람의 신뢰를 얻지 못하면 거짓말을 한다.
친구가 있으면 남의 말을 듣는다.
따라서 친구가 있으면 건방지지 않은 사람이다.

∥3~5∥ 다음 〈보기〉의 내용에 비추어 문제의 내용이 논리적으로 참이면 '참', 거짓이면 '거짓', 참·
거짓을 알 수 없으면 '알 수 없음'을 선택하시오.

3

〈보기〉
• 갑, 을, 병, 정 네 사람의 절도용의자가 심문을 받고 있다.
• 네 사람 중 단 한 사람만이 진실을 말한다.
• 절도범은 한 명이다.
• 네 사람이 주장하는 내용은 다음과 같다.
−갑 : 을이 절도를 하였다.
−을 : 정이 절도를 하였다.
−병 : 나는 훔치지 않았다.
−정 : 을은 거짓말을 하고 있다.

절도를 한 사람은 병이다.

① 참   ② 거짓   ③ 알 수 없음

Tip ㉠ 갑이 진실인 경우
　　갑에 의해 을은 절도범이 된다.
　　그러나 병의 말이 거짓말이므로 병이 훔쳤다는 말이 되는데 갑의 말과 모순된다.
　㉡ 을이 진실인 경우
　　을에 의해 정은 절도범이 된다.
　　그러나 병의 말이 거짓말이므로 병이 훔쳤다는 말이 되는데 을의 말과 모순된다.
　㉢ 병이 진실인 경우
　　을의 말과 정의 말이 모순된다.
　㉣ 정이 진실인 경우
　　갑과 을에 의해 을과 정은 절도를 하지 않았다. 병은 거짓말을 하고 있으므로 병은 절
　　도범이다.

Answer↱ 1.① 2.② 3.①

4

〈보기〉

- 이씨는 김씨보다 앞에 있다.
- 최씨는 김씨보다 뒤에 있다.
- 박씨는 최씨 바로 앞에 있다.
- 홍씨는 제일 뒤에 있다.
- 박씨 앞에는 두 명이 있다.

최씨는 이씨보다 뒤에 있다.

① 참   ② 거짓   ③ 알 수 없음

 제시된 조건 중 첫 번째와 두 번째는 변수가 생길 수 있는 것이나, 세 번째와 네 번째 조건을 통해 확실한 위치를 추론할 수 있다.

| 이씨 | 김씨 | 박씨 | 최씨 | 홍씨 |

5

〈보기〉

- A는 B보다 나이가 적다.
- D는 C보다 나이가 적다.
- E는 B보다 나이가 많다.
- A는 C보다 나이가 많다.

B가 가장 나이가 많다.

① 참   ② 거짓   ③ 알 수 없음

 첫 번째 내용과 세 번째 내용, 네 번째 내용에 의해 E > B > A > C임을 알 수 있다.
두 번째 내용에서 D는 C보다 나이가 적으므로 E > B > A > C > D이다.

┃6~7┃ 〈보기〉를 보고 각 문제에 제시된 문장의 참·거짓, 알 수 없음을 판단하시오.

〈보기〉
- 함께 있던 A, B, C, D 네 명의 아이 중 하나가 꽃병을 깼다.
- 세 명은 진실을 말하고, 한 명은 거짓을 말했다.
- A는 D가 깨지 않았다고 했으나 B는 D가 꽃병을 깼다고 했다.
- C는 B가 깼다고 했고, D는 A가 깨지 않았다고 말했다.

6

거짓말을 한 사람은 A이다.

① 참 ② 거짓 ③ 알 수 없음

 A와 B의 말이 다르므로 둘 중에 한 명은 거짓말을 하고 있다. A가 거짓말이라면, D가 깬 것이 되는데 C의 말과 모순되므로 A는 거짓말을 하고 있지 않다.

7

거짓말을 한 사람은 B이다.

① 참 ② 거짓 ③ 알 수 없음

 B가 거짓말이라면 D는 깨지 않았고, C의 말에 의해 B가 깼다는 것을 알 수 있다. 따라서 거짓말을 한 아이는 B이다. B가 거짓을 말했다면 C의 말에 의해 B가 꽃병을 깼음을 알 수 있다.

Answer⌐→ 4.① 5.② 6.② 7.①

▌8~10 ▌ 다음 문제의 〈보기 1〉을 보고 〈보기 2〉에 제시된 문장의 참·거짓, 알 수 없음을 판단하시오.

8

〈보기 1〉
- 모든 A는 B이다.
- 모든 B는 C이다.
- 어떤 D는 B이다.
- 어떠한 E도 B가 아니다.

〈보기 2〉
어떤 C는 B이다.

① 참 　　　　　　② 거짓 　　　　　　③ 알 수 없음

 두 번째 조건에 의해 '어떤 C는 B이다.'가 성립하므로 참이 된다.

9

〈보기 1〉
- 파란색을 좋아하는 사람들은 항상 술을 마신다.
- 파란색을 좋아하지 않는 사람은 한 달에 소설책을 한 권 이상 읽지 않는다.
- 내 친구들은 모두 파란색을 좋아한다.

〈보기 2〉
나는 한 달에 소설책을 2권 읽으므로 파란색을 좋아하지 않는다.

① 참 　　　　　　② 거짓 　　　　　　③ 알 수 없음

 두 번째 조건의 대우는 '한 달에 소설책을 한 권 이상 읽으면 파란색을 좋아한다.'가 된다.

10

〈보기 1〉

• 아버지는 비가 오면 큰아들의 나막신이 잘 팔릴 것이므로 좋지만 작은아들이 걱정된다.
• 아버지는 비가 오지 않으면 작은아들의 짚신이 잘 팔릴 것이므로 좋지만 큰아들이 걱정된다.
• 비가 오거나 오지 않거나 둘 중 하나일 것이다.

〈보기 2〉

비가 오거나 오지 않거나 아버지의 걱정은 있다.

① 참   ② 거짓   ③ 알 수 없음

 아버지는 비가 오면 작은아들이 걱정되고, 비가 오지 않으면 큰아들이 걱정될 것이다.

11~20 주어진 지문을 읽고 다음에 제시된 문장이 참이면 ①, 거짓이면 ②, 주어진 지문으로 알 수 없으면 ③을 선택하시오.

11

> 고열, 기침 등 독감과 비슷한 증상을 보여 독감 혹은 감기라고 오해하기 쉽지만 가와사키병은 고열을 동반한 혈관질환이다. 정확한 원인은 알 수 없지만 자가 면역 반응에 의해 심장의 관상동맥에 동맥류를 일으키는 경우 사망에까지 이를 수 있어 위험한 질환이다. 주로 한국, 일본, 미국 등 환태평양지대 국가의 5세 이하의 어린이에서 발병률이 높다. 국내 발병률이 2005년 10만명당 108.7명 이었지만 최근 112.5~118.3명까지 증가했다고 가와사키병 연구회는 발표하였다. 독감과 매우 비슷한 증상을 갖고 있어 가와사키병은 초기에 고열을 비롯해 경우에 따라 기침, 설사, 복통, 두통, 소화장애가 나타나는 등의 증상을 가지고 있다. 그렇기 때문에 이 질환을 진단받는 아이들은 대부분 처음에 독감으로 생각해 해열제를 먹다가 다른 증상이 동반된 이후에 진단되는 경우가 많다.

11-1 가와사키병은 발병하면 죽는 불치의 병이다. ① ② ③

11-2 가와사키병은 6세 이상은 걸리지 않는 병이다. ① ② ③

11-3 가와사키병은 초기 진단이 어려운 병이다. ① ② ③

11-1. 가와사키병은 자가 면역 반응에 의해 심장의 관상동맥에 동맥류를 일으키는 경우에 사망에까지 이를 수 있어 위험한 질환이라고 나타나 있으나 치료를 할 수 없다는 내용은 알 수 없으므로 알 수 없는 내용이다.

11-2. 5세 이하의 어린이에게 발병률이 높을 뿐이지 6세 이상은 걸리지 않는다는 것은 알 수 없는 내용이다.

11-3. 가와사키병은 대부분 처음에 독감으로 생각해 해열제를 먹다가 다른 증상이 동반된 이후에 진단되는 경우가 많으므로 초기 진단이 어려운 병이다.

12

독도는 과거 조선시대부터 지금까지 끊임없이 한국과 일본이 서로 자신의 땅이라고 주장하고 있는 지리적, 경제적으로 매우 중요한 땅이다. 독도는 지리적으로 러시아의 남쪽, 일본의 북동쪽, 한국의 동쪽에 위치해 있기 때문에 군사적으로 전략적 요충지이다. 또한 독도의 인근해역은 청정해역으로 한류와 난류가 만나고 있어 연안어장과 대화퇴어장이 형성되어 있어 황금어장을 이루고 있다. 독도가 한국 땅이라는 주장은 여러 역사 자료에도 나온다. 세종실록지리지에는 울릉도를 본도라 하고 당시 독도의 명칭인 우산도를 울릉도의 속도라 하였고, 삼국사기 신라본기 4 지증마립간 512년 기사로 지증왕 13년 6월에 우산국이 귀복하고 해마다 토산물을 바치게 되었다는 내용이 나온다. 또한 일본 정부의 자료로는 1877년 3월 20일 조, 태정관 지령문서에 품의한 취지의 다케시마(울릉도) 외 일도(독도) 지적 편찬의 건에 대하여 본방(일본)은 관계가 없다는 것을 심득할 것이라는 내용이 있어 당시 일본도 독도가 한국의 땅이라는 것을 공적으로 기록하고 있다.

12-1 독도는 과거 한때 일본 땅이었다.　① ② ③

12-2 독도 인근해역은 어종이 풍부한 황금어장이다.　① ② ③

12-3 독도는 구석기 시대부터 사람들이 살던 섬이다.　① ② ③

 12-1 세종실록지리지와 삼국사기, 태정관 지령문서 등을 통해 과거 독도가 한국 땅임을 나타내고 있다.
　　　12-2 독도의 인근해역은 청정해역으로 한류와 난류가 만나고 있어 연안어장과 대화퇴어장이 형성되어 있어 황금어장을 이루고 있다.
　　　12-3 주어진 지문을 통해서는 알 수 없다.

Answer → 11-1.③　11-2.③　11-3.①　12-1.②　12-2.①　12-3.③

13

인터넷은 처음에는 군사 목적으로 미국에서 개발하였다. 하지만 냉전 시대가 끝나고 많은 사람들이 동시에 사용할 수 있다는 장점으로 인해 현재는 군사 목적보다는 다양한 커뮤니케이션의 목적으로 사용되고 있다. 특히 채팅이나 메일 등을 통해 멀리 있는 사람들에게도 앉아서 바로 바로 소식을 묻거나 대화를 할 수 있고 심지어는 다수의 사람들이 하나의 채팅방에서 글을 올리며 대화를 할 수 있다. 인터넷은 기본적으로 익명으로 사용되다 보니 자연히 범죄에도 이용되기 일쑤고 무책임한 발언을 남발하는 경우도 있다. 따라서 인터넷을 사용하기에 앞서 기본적인 예절을 지키는 연습부터 해야 할 것이다.

13-1 인터넷은 처음부터 채팅 목적으로 개발되었다. ① ② ③

13-2 현대 사람들은 인터넷을 통해 외국 친구들과 안부를 주고받는다. ① ② ③

13-3 처음 인터넷을 개발한 사람은 인터넷을 인해 큰돈을 벌었다. ① ② ③

13-1 인터넷은 처음에는 군사 목적으로 개발되었다.
13-2 채팅이나 메일을 통해 외국 친구들과 안부를 주고받을 수 있다.
13-3 지문을 통해서는 알 수 없는 내용이다.

14

정치권력의 남용과 사회적 부정부패를 감시하고 비판하는 언론의 기능은 건전한 여론 형성 기능과 함께 국민의 알 권리 충족을 위한 필수 조건으로 인식되어 왔다. 미국의 경우 언론의 감시·비판 기능을 파수견(watchdog)에 빗대어 표현하는데, 이를 헌법적으로 보장되는 것으로 인식하고 있다. 이러한 파수견 기능은 개인의 표현의 자유가 아닌 언론 기관의 표현의 자유를 의미한다. 즉 개인의 기본권적 특성보다는 언론 기관에 부여되는 제도적 권리의 특성을 지닌다.

14-1 파수견 기능은 개인의 표현의 자유를 의미한다. ① ② ③

14-2 언론의 상업주의적 폐해가 있다고 하더라도 국가 권력의 남용보다는 폐해가 덜하기 때문에 파수견 기능은 보호되어야 한다. ① ② ③

14-3 보다 적극적인 파수견 기능을 위해서 국가 기관에 대한 접근권을 강화해야 한다.
① ② ③

14-1. 파수견 기능은 개인의 표현의 자유가 아닌 언론 기관의 표현의 자유를 의미한다.
14-2. 주어진 지문으로는 알 수 없는 내용이다.
14-3. 주어진 지문으로는 알 수 없는 내용이다.

15

> 　자본 구조가 기업의 가치와 무관하다는 명제로 표현되는 모딜리아니－밀러 이론은 완전 자본 시장 가정, 곧 자본 시장에 불완전성을 가져올 수 있는 모든 마찰 요인이 전혀 없다는 가정에 기초한 자본 구조 이론이다. 이 이론에 따르면, 기업의 영업 이익에 대한 법인세 등의 세금이 없고 거래 비용이 없으며 모든 기업이 완전히 동일한 정도로 위험에 처해 있다면, 기업의 가치는 기업 내부 여유 자금이나 주식 같은 자기 자본을 활용하든지 부채 같은 타인 자본을 활용하든지 간에 어떤 영향도 받지 않는다. 모딜리아니－밀러 이론은 현실적으로 타당한 이론을 제시했다기보다는 현대 자본 구조 이론의 출발점을 제시하였다는 데 중요한 의미가 있다.

15-1 모딜리아니－밀러 이론은 현대 자본 구조 이론의 출발점을 제시하였다.　① ② ③

15-2 상충 이론이란 부채의 사용에 따른 편익과 비용을 비교하여 기업의 최적 자본 구조를 결정하는 이론이다.　① ② ③

15-3 모딜리아니－밀러 이론은 완전 자본 시장을 가정한다.　① ② ③

　15-1. 주어진 지문의 내용과 일치한다.
　15-2. 주어진 지문으로는 알 수 없는 내용이다.
　15-3. 주어진 지문의 내용과 일치한다.

16

> 조선왕조의 정치가 양반관료체제로 귀결된 것은 지배 신분층의 확대라는 역사적 변환과 밀접하게 관련되어 있다. 중소 지주층의 대부분이 신분적으로 관인이 될 수 있는 자격을 획득한 조건 아래서 그들의 정치 참여 욕구를 수렴하려면, 체제의 운영 방식이 보다 많은 수의 참여를 가져와야 했다. 고려시대에 비하여 관료제도가 더 발달하고 관료의 선발 방식으로서의 과거제도가 활성화된 까닭이 바로 여기에 있다. 정치체제의 기반이 그러한 역사적 조건을 가진 이상, 국체가 왕정으로 내세워졌다 하더라도 전제왕권은 일시적인 것에 그치지 않을 수 없었다.

16-1 조선왕조의 정치가 양반관료체제로 귀결된 이유는 양반들의 막강한 권력 때문이었다.
① ② ③

16-2 조선시대는 고려시대에 비하여 관료제도가 더 발달하였다. ① ② ③

16-3 조선시대는 양인들도 과거시험에 응시할 수 있는 자격을 가졌다. ① ② ③

Tip 16-1. 조선왕조의 정치가 양반관료체제로 귀결된 것은 지배 신분층의 확대라는 역사적 변환과 밀접하게 관련되어 있다.
16-2. 고려시대에 비하여 관료제도가 더 발달하고 관료의 선발 방식으로서의 과거제도가 활성화된 까닭이 바로 여기에 있다.
16-3. 주어진 지문으로는 알 수 없는 내용이다.

17

> 파시즘과 유사한 정치 행태들과 진정한 파시즘 사이의 경계를 명확하게 긋지 않고는 파시즘을 제대로 이해할 수 없다. 고전적 독재가 시민들을 단순히 억압해 침묵시킨 것과 달리, 파시즘은 대중의 열정을 끌어모아 내적 정화와 외적 팽창이라는 목표를 향해 국민적 단결을 강화하는 기술을 찾아냈다. 이 점에서 파시즘은 민주주의가 실패함으로써 나타난 아주 새로운 현상이다. 따라서 민주주의 성립 이전의 독재에는 '파시즘'이라는 용어를 사용하면 안 된다. 고전적 독재는 파시즘과 달리 대중적 열광을 이용하지 않으며 자유주의 제도를 제거하고자 하지 않는다.

17-1 파시즘은 시민들을 단순히 억압해 침묵시킨 것이다. ① ② ③

17-2 파시즘은 민주주의의 실패로 인해 나타난 현상으로 고전적 독재와는 다르다. ① ② ③

17-3 민주주의 성립 이전의 독재에는 파시즘이라는 용어를 사용하면 안 된다. ① ② ③

Tip 17-1. 고전적 독재가 시민들을 단순히 억압해 침묵시킨 것과 달리, 파시즘은 대중의 열정을 끌어모아 내적 정화와 외적 팽창이라는 목표를 향해 국민적 단결을 강화하는 기술을 찾아냈다.
17-2. 주어진 지문의 내용과 일치한다.
17-3. 주어진 지문의 내용과 일치한다.

18

어떤 동위원소들은 우라늄처럼 붕괴하여 다른 원소가 되기도 한다. 이와 달리 붕괴하지 않는 동위원소를 '안정적 동위원소'라고 한다. 원소들 중에 안정적 동위원소를 갖지 않는 것은 20가지인데 자연에 존재하는 전체 원소의 약 4분의 1에 해당한다. 각 원소들이 가지는 동위원소의 수를 조사해보면 중요한 규칙성을 발견할 수 있다. 홀수의 원자번호를 갖는 원소보다는 짝수의 원자번호를 갖는 원소가 훨씬 많은 동위원소를 가지고 있으며, 몇 가지 사례를 제외하고는 원자번호가 짝수인 원소는 원자량도 짝수가 된다는 것을 알 수 있다. 안정적 동위원소를 갖지 않는 원소 가운데는 베릴륨만이 원자번호가 4로 짝수이고 나머지 원소는 모두 홀수의 원자번호를 가지고 있다.

18-1 자연에 존재하는 전체 원소는 약 80가지이다.　① ② ③

18-2 붕괴되는 동위원소를 '안정적 동위원소'라고 한다.　① ② ③

18-3 원자번호가 짝수인 모든 원소는 원자량도 짝수가 된다.　① ② ③

 18-1. 원소들 중에 안정적 동위원소를 갖지 않는 것은 20가지인데 자연에 존재하는 전체 원소의 약 4분의 1에 해당한다고 하였으므로 자연에 존재하는 전체 원소는 약 80가지라는 것을 알 수 있다.

18-2. 붕괴하지 않는 동위원소를 '안정적 동위원소'라고 한다.

18-3. 몇 가지 사례를 제외하고는 원자번호가 짝수인 원소는 원자량도 짝수가 된다는 것을 알 수 있다.

19

> 　　최근 미국 국립보건원은 벤젠 노출과 혈액암 사이에 연관이 있다고 보고했다. 직업안전보건국은 작업장에서 공기 중 벤젠 노출 농도가 1ppm을 넘지 말아야 한다는 한시적 긴급 기준을 발표했다. 당시 법규에 따른 기준은 10ppm이었는데, 직업안전보건국은 이 엄격한 새 기준이 영구적으로 정착되길 바랐다. 그런데 벤젠 노출 농도가 10ppm 이상인 작업장에서 인명피해가 보고된 적은 있지만 그보다 낮은 노출 농도에서 인명피해가 있었다는 검증된 데이터는 없었다. 그럼에도 불구하고 직업안전보건국은 벤젠이 발암물질이라는 이유를 들어, 당시 통용되는 기기로 쉽게 측정할 수 있는 최소치인 1ppm을 기준으로 삼아야 한다고 주장했다.

19-1 법규에 따른 벤젠 노출 농도는 10ppm이고 한시적 긴급 기준은 1ppm이다.　① ② ③

19-2 직업안전보건국은 법규에 따른 기준인 10ppm이 지속되기를 원했다.　① ② ③

19-3 대법원은 직업안전보건국이 제시한 1ppm의 기준이 지나치게 엄격하다고 판결하였다.
① ② ③

 19-1. 주어진 지문의 내용과 일치한다.
　　　19-2. 당시 법규에 따른 기준은 10ppm이었는데, 직업안전보건국은 이 엄격한 새 기준이 영구적으로 정착되길 바랐다.
　　　19-3. 주어진 지문으로는 알 수 없는 내용이다.

20

분명 인간은 의식주라는 생물학적 욕구와 물질적 가치의 추구 외에 정신적 가치들을 추구하며 사는 존재이다. 그렇다고 이것이 그대로 인문학의 가치를 증언하는 것은 아니다. 그 이유는 무엇보다 인문적 활동 자체와 그것에 대한 지식 혹은 인식을 추구하는 인문학은 구별되기 때문이다. 춤을 추고 노래를 부르거나 이야기를 하는 등의 제반 인간적 활동에 대한 연구와 논의를 하는 이차적 활동인 인문학, 특히 현대의 인문학처럼 고도로 추상화된 이론적 논의들이 과연 인간적 삶을 풍요롭게 해주느냐가 문제이다.

20-1 인간이 정신적 가치들을 추구하는 존재라는 것이 인문학의 가치를 증언한다. ① ② ③

20-2 인문적 활동 자체와 인문학은 구별되는 개념이다. ① ② ③

20-3 현대의 인문학은 인간적 삶을 풍요롭게 해주고 있다. ① ② ③

 20-1. 분명 인간은 의식주라는 생물학적 욕구와 물질적 가치의 추구 외에 정신적 가치들을 추구하며 사는 존재이다. 그렇다고 이것이 그대로 인문학의 가치를 증언하는 것은 아니다.

20-2. 인문적 활동 자체와 그것에 대한 지식 혹은 인식을 추구하는 인문학은 구별된다.

20-3. '현대의 인문학처럼 고도로 추상화된 이론적 논의들이 과연 인간적 삶을 풍요롭게 해주느냐가 문제이다.'라고 제시되어 있기 때문에 풍요롭게 해주는지는 알 수 없다.

Answer → 19-1.① 19-2.② 19-3.③ 20-1.② 20-2.① 20-3.③

21

바이러스란 스스로는 증식할 수 없고 숙주 세포에 기생해야만 증식할 수 있는 감염성 병원체를 일컫는다. 바이러스는 자신의 존속을 위한 최소한의 물질만을 가지고 있기 때문에 거의 모든 생명 활동에서 숙주 세포를 이용한다. 바이러스를 구성하는 기본 물질은 유전 정보를 담은 유전 물질과 이를 둘러싼 단백질 껍질이다.

1915년 영국의 세균학자 트워트는 포도상 구균을 연구하던 중, 세균 덩어리가 녹는 것처럼 투명하게 변하는 현상을 관찰했다. 뒤이어 1917년 프랑스에서 활동하던 데렐은 이질을 연구하던 중 환자의 분변에 이질균을 녹이는 물질이 포함되어 있다는 것을 발견하고, 이 미지의 존재를 '박테리오파지'라고 불렀다. 박테리오파지는 바이러스의 일종으로 '세균을 잡아먹는 존재'라는 뜻이다.

박테리오파지는 증식을 위해 세균을 이용한다. 박테리오파지가 세균을 만나면 우선 꼬리 섬유가 세균의 세포막 표면에 존재하는 특정한 단백질, 다당류 등을 인식하여 복제를 위해 이용할 수 있는 세균인지의 여부를 확인한다. 그리고 이용이 가능한 세균일 경우 갈고리 모양의 꼬리 섬유로 세균의 표면에 단단히 달라붙는다. 세균 표면에 자리를 잡은 박테리오파지는 머리에 들어 있는 유전 물질만을 세균 내부로 침투시킨다. 세균 내부로 침투한 박테리오파지의 유전 물질은 세균 내부의 DNA를 분해한다. 그리고 세균의 내부 물질과 여러 효소 등을 이용하여 새로운 박테리오파지를 형성할 유전 물질과 단백질을 만들어 낸다. 이렇게 만들어진 유전 물질과 단백질이 조립되면 새로운 박테리오파지가 복제되는 것이다.

〈보기〉
박테리오파지는 세균을 숙주 세포로 삼아서 기생하는 바이러스이다. (옳다)

① ○   ② ×

 ① 바이러스는 숙주 세포에 기생해야만 증식할 수 있다고 하였고, 박테리오파지는 바이러스의 일종이라고 하였으므로 '옳다'라고 한 것은 옳다.

22

　　CPU나 램은 내부의 미세 회로 사이를 오가는 전자의 움직임만으로 데이터를 처리하는 반도체 재질이기 때문에 고속으로 동작이 가능하다. 그러나 HDD는 원형의 자기디스크를 물리적으로 회전시키며 데이터를 읽거나 저장하기 때문에 자기디스크를 아무리 빨리 회전시킨다 해도 반도체의 처리 속도를 따라갈 수 없다. 게다가 디스크의 회전 속도가 빨라질수록 소음이 심해지고 전력 소모량이 급속도로 높아지는 단점이 있다. 이 때문에 CPU와 램의 동작 속도가 하루가 다르게 향상되고 있는 반면, HDD의 동작 속도는 그렇지 못했다.

　　그래서 HDD의 대안으로 제시된 것이 바로 'SSD(Solid State Drive)'이다. SSD의 용도나 외관, 설치 방법 등은 HDD와 유사하다. 하지만 SSD는 HDD가 자기디스크를 사용하는 것과 달리 반도체를 이용해 데이터를 저장한다는 차이가 있다. 그리고 물리적으로 움직이는 부품이 없기 때문에 작동 소음이 작고 전력 소모가 적다. 이런 특성 때문에 휴대용 컴퓨터에 SSD를 사용하면 전지 유지 시간을 늘릴 수 있다는 이점이 있다.

〈보기〉
HDD는 데이터 처리 방식의 한계 때문에 속도의 향상이 더딘 편이었다. (그르다)

① ○　　　　　　　　　　　　　　　② ×

 'HDD는 원형의 자기디스크를 물리적으로 회전시키며 데이터를 읽거나 저장하기에, 자기디스크를 아무리 빨리 회전시킨다 해도 반도체의 처리 속도를 따라갈 수 없다. ~ 이 때문에 HDD의 동작 속도는 그렇지 못했다.'라는 내용을 통해 보기의 내용을 '그르다'라고 한 것은 옳지 않다.

Answer↱ 21.①　22.②

23

대상을 있는 그대로 재현하는 데 중점을 두었던 과거의 작가들과 달리 현대의 많은 작가들은 자신이 인식하고 해석한 세계를 표현하는 것에 중점을 두었다. 그중, M. C. 에셔는 기하학적 표현을 활용하여 공간에 대한 자기만의 새로운 인식을 표현한 작가이다.

에셔는 먼저 '평면의 규칙적 분할'을 활용하여 2차원의 평면 구조를 표현하는 것에 관심을 가졌다. 우선 그는 새, 물고기 등 구체적이고 일상적인 사물들을 단순화하여 평면 구조를 표현하기 위한 기본 형태로 설정했다. 이것을 반복하여, 상하좌우로 평행 이동시키거나 한 지점을 축으로 다양한 각도로 회전시키기도 하고, 평행 이동한 후 거울에 비친 것처럼 반사시키기도 하면서 분할된 평면을 빈틈없이 채웠다. 또한 기본 형태를 점점 축소하거나 확대하는 과정을 반복하여 평면을 무한히 분할하는 듯한 효과를 주어 평면이 가진 무한성을 드러내고자 하였다.

〈보기〉
에셔는 대상을 있는 그대로 재현하기 위해 기하학적 표현을 활용하였다. (알 수 없다.)

① ○　　　　　　　　　　　　② ×

 '대상을 있는 그대로 재현하는 데 중점을 두었던 과거의 작가들과 달리'를 통해 에셔가 대상을 있는 그대로 재현하지 않았음을 알 수 있으므로 '알 수 없다'라고 한 것은 옳지 않다.

24

조합 논리 회로이든 순차 논리 회로이든 디지털 회로의 설계는 다양한 논리 게이트들을 얼마나 효율적으로 연결하느냐가 중요하다. 가장 기본적인 논리 게이트로는 NOT 게이트, AND 게이트, OR 게이트가 있다. NOT 게이트는 보통 인버터라 부르며 출력 값이 입력 값과 반대가 되도록 변환한다. 예를 들어 입력 값이 0이면 출력 값은 1이고 입력 값이 1이면 출력 값은 0이 된다. 따라서 입력 가능한 조합은 1과 0, 두 개뿐이다. AND 게이트는 입력 단자를 통해 들어오는 입력 값이 모두 1일 때만 출력 값이 1이고, 만일 한 개라도 0이면 출력 값은 0이 된다. OR 게이트는 입력 값이 어느 하나라도 1이면 출력 값이 1이 되고, 입력 값이 모두 0일 때만 출력 값이 0이 된다. 논리 게이트들의 입력 가능한 조합의 수는 2의 거듭제곱을 따른다. 즉 입력 단자가 2개면 입력 가능 조합은 4개, 입력 단자가 3개면 입력 가능 조합은 8개가 된다.

논리 게이트의 입력과 출력은 전기적 신호가 바뀌는 모습으로 나타낼 수 있다. 아래 그림은 AND 게이트에 입력 신호가 들어왔을 때, 어떤 출력 신호가 나오는지 나타낸 것이다. A와 B의 파형이 각각의 입력 단자에 들어올 때, AND 게이트는 F와 같은 파형을 출력하게 된다. 여기서 파형이란 0과 1에 해당하는 전기적 신호(0V와 5V)가 시간에 따라 연속적으로 바뀌는 모습을 표현한 것을 말한다. 다른 게이트들도 이와 마찬가지로 전기적 신호가 바뀌는 모습을 표현하여 입력 신호와 출력 신호로 나타낼 수 있다.

〈보기〉

NOT 게이트, AND 게이트, OR 게이트에서 입력 값이 모두 0이면 각각의 출력 값은 모두 0이다. (알 수 없다.)

① ○   ② ✕

 NOT 게이트, AND 게이트, OR 게이트에서 입력 값이 모두 0이면 각각의 출력 값은 NOT 게이트는 1, AND 게이트는 0, OR 게이트는 0이다.
NOT 게이트는 출력 값이 입력 값과 반대가 되도록 변환하기 때문에 입력 값이 0이면 출력 값은 1이다.
이는 제시된 내용에서 찾을 수 있으므로 '알 수 없다'라고 한 것은 옳지 않다.

Answer⌐→ 23.② 24.②

25

가사심판이란 가사사건에 대해서 통상의 소송구조와 절차에 의하지 않고 사건의 개성에 가장 적합한 법적 해결을 보기 위해 비송적 절차에 의한 재판을 할 수 있도록 만들어진 제도이다. 이는 그 대상이 가정이나 가족 내의 부부·친자·형제자매 등 애정이나 혈연을 기초로 해서 맺어져 있는 사람들의 인간관계이므로 그 본질상 합리적·계산적으로 처리할 수 없는 감정문제나 인간성이 항상 얽혀 있기 때문이다. 따라서 가사심판은 가족공동관계 전체와의 관련성을 배려하면서도 장래에 상호 협조성이 지속적으로 유지될 수 있도록 하는 인간관계의 회복에 중점을 두는 것이 필요하다.

〈보기〉

우리나라의 가사심판 제도는 사건의 특성상 비송적 절차에 의한 재판을 할 수 있도록 만들어진 세계 유일의 법적 제도이다. (옳다.)

① ○   ② ×

 제시된 지문을 통해 가사심판 제도가 세계 유일의 법적 제도인지는 알 수 없기 때문에 보기의 설명에 대해 '옳다'라고 한 것은 옳지 않다.

26

경제협력개발기구(일명 OECD)는 회원국간의 경제·사회발전을 모색하고 세계 경제문제에 공동으로 대처하기 위한 정부간 정책논의 및 협의기구로 1948년 유럽경제협력기구(OEEC)가 설립되고 1961년에는 미국·캐나다 등이 가입함에 따라 현재의 OECD로 확대, 개편되었다. 이 기구는 개방된 시장경제, 다원적 민주주의 및 인권존중이라는 3대 가치관을 공유하고 있는 국가들의 정책담당자들이 모여 정책대화를 통해 경험과 의견을 교환하고 있으며 또한 사무국 전문가들의 실증적, 전문적 분석에 기초하여 정책 대화를 하여 상호간 경제정책의 개선을 촉구하거나 국제적 정책협조를 추진하기도 한다. 이 과정에서 동료간 압력을 행사하며 OECD의 정책경험을 비회원국에 전수하고 시민사회에도 전파하고 있다.

〈보기〉

OECD는 회원국의 정책담당자들이 매년 한 자리에 모여 정책대화를 통해 경험과 의견을 서로 교환하는 국제기구이다. (옳다.)

① ○   ② ×

 제시된 지문을 통해 OECD가 매년 열리는가에 대해서는 알 수 없기 때문에 보기의 설명에 대해 '옳다'라고 한 것은 옳지 않다.

27

간첩이란 적국·가상적국·적대집단 등에 들어가 몰래 또는 공인되지 않은 방법으로 정보를 수집하거나 전복활동 등을 하는 자를 말하는데 첩자·밀정과 같은 뜻으로 쓰이고 있다. 역사상 간첩활동이 학문적으로 체계화된 것은 중국의 춘추전국시대에 완성된「손자병법」제13편 용간에 나타나 있다. 여기에는 간자의 종류와 활용원리가 서술되어 있으며 이것이 세계 최초의 정보수집 및 공작원리로 인정되고 있다. 우리나라에서도 이미 삼국시대부터 정보활동으로 인정될 수 있는 역사적 사례가 있는데 고구려 태무신왕 때 낙랑을 침범하기 위한 왕자 호동의 자명고 파괴작전이나 신라 눌지왕 때 일본에 억류된 왕자를 구출하기 위한 박제상의 파견, 고구려 영양왕 때 살수대첩을 이끈 을지문덕의 적정탐지 등이 그것이라 할 수 있다.

〈보기〉

고구려 장수왕 때 백제의 정세를 살피기 위해 백제로 들어간 고구려 승려 도림에 대한 일화도 우리나라의 정보활동으로 인정될 수 있는 역사적 사례 중 하나라 할 수 있다. (그르다.)

① ○   ② ×

 제시된 지문을 통해 도림에 대한 일화는 알 수 없기 때문에 보기의 설명에 대해 '그르다'라고 한 것은 옳지 않다.

28

세계군인체육대회는 1948년 조직된 국제군인스포츠위원회의 주관으로 4년에 한 번 회원국을 대표하는 현역 군인들이 참가하여 스포츠맨십을 겨루는 대규모 스포츠 행사로 일명 군인올림픽으로도 불린다. 현재 총 133개국이 회원국으로 가입되어 있으며 우리나라는 1957년에 가입하였다. 이 대회의 정식종목으로는 축구·농구·골프·육상·수영·태권도·복싱 등 25개의 일반종목과 함께 대회 특성상 수류탄 투척·장애물 등의 육군종목, 구명수영·수륙횡단 등의 해군 종목, 그리고 탈출·사격 등과 같은 공군 종목 등 이색적인 군사종목이 포함되어 있다. 그리고 2015년에는 새로 양궁·배드민턴·야구 등이 도입될 예정이다.

〈보기〉

세계군인체육대회의 정식종목에는 수류탄 투척, 수륙횡단, 탈출 등과 같은 이색적인 군사종목이 포함되어 있다. (알 수 없다.)

① ○   ② ×

 제시된 지문을 통해 보기의 내용을 알 수 있기 때문에 보기의 설명에 대해 '알 수 없다'라고 한 것은 옳지 않다.

Answer 25.② 26.② 27.② 28.②

29

천마도가 그려진 장니는 마구의 일종으로 이는 신라에서 기마풍습이 있었다는 것을 의미하기도 한다. 기마풍습은 북방 이민족들이 중국에 왕조를 세웠던 5호16국시대를 거치면서 동아시아에 널리 확산되는 모습을 보이는데 이는 이전의 전쟁이 보병을 주축으로 하던 것과는 달리 당시의 전쟁이 기마전 양상을 띠는 것과 연관된다. 고구려에서도 4세기 이후 중장기병이 기마를 할 수 있는 마구들이 정비되기 시작하고 4~5세기 고구려에 유입된 이러한 기마문화가 신라로 점차 확산된 것이다. 천마총에 부장된 천마도 장니는 바로 신라에 유입된 새로운 마구 문화의 산물이라고 볼 수 있으며 신라에서는 황남대총 남분에서부터 시작하여 천마총, 그리고 5세기 후반 고분으로 알려진 금령총에 이르기까지 장니에 금속장식이 결합되거나 여기에 그림이 그려지는 등 장니 장식이 성행하였다.

〈보기〉
기마전은 고대 중국의 전투방식 중 하나이며 이것이 활발하게 운용된 것은 5호16국시대 이후이다. (알 수 없다.)

① ○   ② ×

 제시된 지문을 통해 기마전이 고대 중국의 전투방식 중 하나라는 사실은 알 수 없기 때문에 보기의 설명에 대해 '알 수 없다'라고 한 것은 옳다.

30

가야금은 우리나라 고유의 대표적인 현악기로 총 12줄로 이루어져 있으며 옛 문헌의 한글표기에는 언제나 '가얏고'라고 되어 있다. 현재 우리가 부르는 가야금이란 말은 한자화된 명칭이다. 「삼국사기」에 의하면 가야국의 가실왕이 6세기에 당나라의 악기를 보고 만들었으며 우륵에게 명하여 12곡을 짓게 하였는데 그 뒤 가야국이 어지러워지자 우륵은 가야금을 가지고 신라 진흥왕에게로 투항하였다고 기록하고 있어 한동안 이를 가야금의 기원으로 받아들였으나 오늘날에는 삼한시대부터 사용된 민족 고유의 현악기가 가실왕 때 중국의 쟁이라는 악기의 영향을 받아 더욱 발전했다는 것을 통설로 하고 있다.

〈보기〉
가야금은 우리나라의 대표적인 현악기에 속한다. (옳다.)

① ○   ② ×

 제시된 지문을 통해 가야금이 우리나라 고유의 대표적인 현악기라는 사실을 알 수 있기 때문에 보기의 설명에 대해 '옳다'라고 한 것은 옳다.

31

검무는 칼을 휘두르며 추는 춤으로 검기무 또는 칼춤이라고도 하며 그 기원에 대해서는 「동경잡기」와 「증보문헌비고」의 기록이 모두 신라 소년 황창이 백제에 들어가 칼춤을 추다가 백제의 왕을 죽이고 자기도 죽자, 신라인들이 그를 추모하기 위해 그 얼굴을 본떠 가면을 만들어 쓰고 칼춤을 추기 시작한 데서 유래되었다고 기록하고 있다. 이러한 검무는 신라시대를 거쳐 고려 말까지 성행하였다가 조선 초에 이르러 다소 주춤하였고 다만 숙종 때 김만중의 '관황창무'라는 칠언고시를 통해 기녀들에 의하여 가면 없이 연희되었음을 확인할 수 있다. 그리고 경술국치 이후 관기제도가 폐지됨에 따라 기녀들이 민간사회로 나와 그들에 의해 계속 추어졌으나 사회적인 여건으로 인해 단축되고 변질되어 본래의 형태로부터 많이 축소되었다. 현재 비교적 원형을 보존하고 있는 것으로 진주 검무가 있는데 1967년 중요무형문화재 제12호로 지정되었다.

〈보기〉
검무는 신라시대 때 가면을 쓰고 연희되다가 이후 기녀들에 의해 가면 없이 연희되었다. (알 수 없다.)

① ○   ② ×

 제시된 지문을 통해 보기의 내용을 알 수 있기 때문에 보기의 설명에 대해 '알 수 없다'라고 한 것은 옳지 않다.

32

금석문이란 쇠붙이나 돌붙이에다 새긴 글씨 또는 그림을 말하며 이러한 내용을 풀이하여 자체와 화풍을 연구하고 그 시대를 밝혀 인문 발달의 연원을 캐며 역사의 자료로 사용하여 미술·공예·사상 등 여러 방면의 학술적 탐구를 진행하는 것을 금석학이라 한다. 이것은 중국에서 발생하였으며 우리나라에서 이 학문에 눈을 돌리게 된 것은 그리 오래되지 않았다. 문헌으로 전하는 것은 애매한 점도 있고 진실성이 의심스러운 경우도 많이 있지만 금석문은 그 당시 사람의 손에 의하여 직접 이루어진 것이므로 가장 정확하고 진실한 역사적 자료가 된다.

〈보기〉
금석문의 대표적인 예로 중국 은나라 때의 갑골문을 들 수 있다. (옳다.)

① ○   ② ×

 제시된 지문을 통해 갑골문이 금석문의 대표적인 예가 되는지는 알 수 없기 때문에 보기의 설명에 대해 '옳다'라고 한 것은 옳지 않다.

Answer → 29.① 30.① 31.② 32.②

33

　　강릉의 관노가면극은 강릉단오제 때 행해지는 탈놀이로 현재 중요무형문화재 제13호로 지정되어 있다. 이 놀이는 우리나라 가면극 전승의 주류를 이루는 산대도감 계통극과는 그 계통을 달리하는 서낭제탈놀이의 하나인데 여기에는 관노가면극 외에도 하회별신굿탈놀이를 들 수 있다. 이러한 서낭제탈놀이들은 제의적 연희의 성격을 갖고 있는 농촌형의 탈춤이라 할 수 있으며 따라서 농악대의 잡색놀이나 무의적인 탈놀이와 함께 토착적인 탈놀이의 기원에 많은 시사를 던져준다. 관노가면극은 본래 대사가 없는 묵극이었다고도 하고 약간의 재담이 있었다고도 한다. 일반 탈춤이 서민들의 울분과 양반들에 대한 반감을 풍자하고 있으나 이 놀이는 연희자들이 원래 관노들이기 때문에 대담하게 양반을 조롱하고 모독하는 내용이 없으며 따라서 대사도 원하지 않았던 것으로 보인다.

〈보기〉
　　서낭제탈놀이의 대표적인 것으로 관노가면극과 하회별신굿탈놀이가 있는데 이 중 현재 중요무형문화재로 지정된 것은 관노가면극 뿐이다. (그르다.)

① ○   ② ×

 제시된 지문을 통해 하회별신굿탈놀이가 중요무형문화재로 지정되었는지 여부는 알 수 없기 때문에 보기의 설명에 대해 '그르다'라고 한 것은 옳지 않다.

34

　　격구는 옛날 무관들과 민간에서 하던 무예의 한 가지로 말을 탄 채 숟가락처럼 생긴 막대기로 공을 쳐서 상대방 문에 넣는 놀이를 말하며 민간에서는 이를 공치기 또는 장치기라고 하였고 중국에서는 타구라고 불렀다. 중국에서는 북방민족인 요나라나 금나라 사람들이 이를 즐겼으며 최치원이 당나라에 머물러 있을 때에도 크게 유행하였다고 전하지만 우리나라에서는 언제부터 격구를 하였는지 확실한 기록이 없다. 이러한 격구는 고려 의종 이후에는 차차 국가적인 오락 행사가 되었으며 특히 궁중에서는 단오절에 이를 성대하게 벌였다. 조선시대에 들어와서는 세종이 격구의 의의를 강조하면서 "격구를 잘 하는 사람이라야 말타기와 활쏘기를 잘 할 수 있으며 창과 검술도 능란하게 된다."고까지 하였다. 특히 조선시대 때는 중요한 무예의 하나로 여겨 정기적인 군대 열병식에서는 반드시 이를 실시하였고 나아가 무과시험의 과목에까지 포함시켰다.

〈보기〉
　　격구가 우리나라에서 언제부터 행해졌는지에 대해 기록한 자료는 현재 찾아볼 수 없다. (알 수 없다.)

① ○   ② ×

제시된 지문을 통해 보기의 내용을 알 수 있기 때문에 보기의 설명에 대해 '알 수 없다'라고 한 것은 옳지 않다.

35

간송미술관은 우리나라 최초의 사립박물관인데 일제강점기 당시 간송 전형필이 수집한 고미술품을 정리·연구·전시하여 일제에 의해 왜곡된 우리 역사를 바로잡고 민족문화의 자긍심을 되찾고자 설립되었다. 간송미술관은 1938년 전형필이 세운 보화각이 그 전신으로 이후 그 아들들이 대를 이어 1966년 간송미술관과 한국민족미술연구소로 새롭게 발족하였다. 현재 이곳에는 전적·고려청자·조선백자·불상·그림·글씨·부도·석탑 등에 걸쳐 다양한 문화재들이 소장되어 있으며 그 중에는 훈민정음·청자 상감운학문 매병·신윤복필 풍속도 화첩 등 국보 12점, 보물 10점 등의 국가지정문화재와 서울시지정문화재 4점도 포함되어 있다. 전시회는 회화·서예·도예·서화로 나뉘어 매년 봄·가을 2주일씩 2회 개최하며 이 밖의 상설전시는 하지 않는다. 지금까지 80여 회의 전시회를 통해 약 1천여 점의 소장품이 일반에게 공개되었으며 전시회와 함께 논문집「간송문화」를 발간하고 있다.

〈보기〉

간송미술관에는 현재 다수의 국보급 및 보물급 문화재들이 소장되어 있는데 이들은 모두 일제강점기에 전형필이 수집한 문화재들이다. (알 수 없다.)

① ○   ② ×

 제시된 지문을 통해 간송미술관에 소장된 다수의 국보급 및 보물급 문화재들이 모두 일제강점기에 수집된 것인지는 정확하게 알 수 없기 때문에 보기의 설명에 대해 '알 수 없다'라고 한 것은 옳다.

36

태즈메이니아 주머니 너구리 또는 태즈메이니아 데빌은 유대류의 주머니고양이목의 동물로, 태즈메이니아 산 주머니 곰이라고도 한다. 털색은 보통 검은색 또는 암흑다색 바탕이며, 앞가슴에 흰색 달 모양 무늬가 있으며, 목·어깨 등에 작은 흰색 무늬가 있다. 기분 나쁜 울음소리 때문에 '데빌'(악마)이라는 이름이 붙었다. 태즈메이니아 데빌은 주로 오스트레일리아 태즈메이니아 섬에 분포하며, 전반적으로는 북동부에 많다. 이 동물은 건조한 숲과 나무가 많은 곳을 좋아하며 가끔씩 도로 주변에서도 발견된다.

〈보기〉
태즈메이니아 데빌은 그 울음소리로 인해 '데빌'이란 이름이 붙었다. (옳다.)

① ○   ② ×

 제시된 지문을 통해 태즈메이니아 데빌이 현재 멸종 위기 종으로 분류되어 있는지를 알 수 있기 때문에 보기의 설명에 대해 '옳다'라고 한 것은 옳다.

〈보기〉
태즈메이니아 데빌은 현재 멸종 위기 종으로 분류되어 있다. (그르다.)

① ○   ② ×

 제시된 지문을 통해 태즈메이니아 데빌이 현재 멸종 위기 종으로 분류되어 있는지를 알 수 없기 때문에 보기의 설명에 대해 '그르다'라고 한 것은 옳지 않다.

〈보기〉
태즈메이니아 데빌은 오스트레일리아 태즈메이니아 섬에 분포하며 태즈메이니아 주머니 너구리 또는 태즈메이니아 산 주머니 곰이라고도 부른다. (알 수 없다.)

① ○   ② ×

 제시된 지문을 통해 보기의 내용을 알 수 있기 때문에 보기의 설명에 대해 '알 수 없다'라고 한 것은 옳지 않다.

37

8월 10일 미국 샌디에이고 주립대 연구진은 지구에서 약 1400광년 떨어진 거문고자리에서 두 개의 태양 주위를 도는 행성 '케플러-453b'를 발견했다. 케플러-453b는 무게가 지구의 17배가 넘고 직경은 지구의 6.2배나 된다. 태양계로 치면 목성과 같은 덩치가 큰 가스형 행성이라 생명체가 존재할 가능성은 없다. 연구팀은 케플러-453b가 우리 태양의 94%, 20% 크기의 두 항성을 지구날짜로 240일 주기로 공전한다는 사실을 알아냈다. 두 개의 태양이 행성에 어떤 영향을 미치는지에 대해서는 추가 연구를 통해 알아낼 계획이다.

〈보기〉
케플러-453b는 태양 주위를 돌고 있다. (알 수 없다.)

① ○   ② ×

 제시된 지문을 통해 보기의 내용을 알 수 있기 때문에 보기의 설명에 대해 '알 수 없다'라고 한 것은 옳지 않다.

〈보기〉
케플러-453b는 우리 태양의 약 94%, 80% 크기의 두 항성을 지구 날짜로 240일 주기로 공전한다. (그르다.)

① ○   ② ×

 제시된 지문을 통해 보기의 내용이 틀린 사실임을 알 수 있기 때문에 보기의 설명에 대해 '그르다'라고 한 것은 옳다.

〈보기〉
케플러-453b는 무게가 지구의 17배가 넘고 직경은 지구의 6.2배나 되는 가스형 행성으로 생명체가 존재할 가능성이 없다. (옳다.)

① ○   ② ×

 제시된 지문을 통해 보기의 내용이 옳은 사실임을 알 수 있기 때문에 보기의 설명에 대해 '옳다'라고 한 것은 옳다.

Answer → 36.①②② 37.②①①

38

빙설기후는 지구 양극에 해당하는 지역에 나타나는데 북반구의 그린란드 내륙과 남반구의 남극대륙이 이에 해당한다. 이 기후는 만년설로 뒤덮여 빙하를 이루기 때문에 빙관기후(Ice cap climate)라고도 불리며 지구의 모든 기후구 중 가장 혹독한 기후구에 속한다. 엄청 낮은 기온과 강한 폭풍이 대표적인 현상이다. 낮은 기온은 빙설로 인한 복사냉각과 함께 해발고도(남극의 평균고도는 2,200m)가 높기 때문이다. 가장 더운 달에도 평균기온이 0도 이하를 보인다. 최한월 평균기온은 영하 51도에서 영하 34도에 이른다. 강한 바람은 급격히 냉각된 중력풍 때문에 생긴다. 남극대륙에서 부는 강력한 폭풍인 블리자드(blizzard)가 좋은 예다. 또한 이 기후대는 지상 고기압이 발달하여 공기가 건조하고 안정적이다. 강수량은 연간 130mm 이하로 사막기후와 비슷하다. 낮은 기온과 건조함으로 인해 식생이 거의 자라지 못한다. 빙설기후지역에 해당하는 북극과 남극의 지리환경을 살펴보면 북극지역은 북미와 유라시아 대륙으로 둘러싸인 해양이다. 통상 북위 66도 이상의 북극권을 말하며 다른 말로 산림성장 한계선, 빙하 남하 한계선, 영구 동토선 이북 등을 지칭하기도 한다. 기후 구분으로는 7월 평균기온이 10℃인 등온선 이북 지역을 말한다. 북극해의 면적은 1,200만㎢로 지중해의 4배 정도이고 평균 수심은 1,200m이다. 그리고 연중 두꺼운 얼음으로 덮여 있다. 하지만 최근에는 지구온난화로 인해 여름철에 얼음이 녹는 지역이 점차 늘어나고 있다. 남극은 남극해로 둘러싸여 있는 대륙으로 대륙 면적은 약 1,310만㎢(한반도의 60배) 정도이다. 남극 대륙 전체 면적의 98% 정도가 두꺼운 얼음과 눈으로 덮여 있다. 이러한 북극과 남극의 가장 큰 차이는 북극은 바다이고, 남극은 대륙이라는 점이다.

〈보기〉

빙설기후는 엄청 낮은 기온과 강한 폭풍이 대표적인 현상으로 최한월 평균기온은 영하 80도에서 영하 51도에 이른다. (그르다.)

① ○   ② ×

 제시된 지문을 통해 보기의 내용이 틀렸음을 알 수 있기 때문에 보기의 설명에 대해 '그르다'라고 한 것은 옳다.

<보기>
　최근 지구 온난화로 인해 북극해와 남극대륙의 면적이 빠른 속도로 줄어들고 있어 국제적인 노력이 시급하다. (알 수 없다.)

① ○　　　　　　　　　　　② ×

 제시된 지문을 통해 보기의 내용은 알 수 없기 때문에 보기의 설명에 대해 '알 수 없다'라고 한 것은 옳다.

<보기>
　북극과 남극의 가장 큰 차이는 북극은 대륙이고 남극은 바다라는 점이다. (그르다.)

① ○　　　　　　　　　　　② ×

 제시된 지문을 통해 보기의 내용이 틀렸음을 알 수 있기 때문에 보기의 설명에 대해 '그르다'라고 한 것은 옳다.

39

최근 화석연료의 고갈 그리고 화석연료의 사용에 따른 지구온난화 등에 따라 재생가능에너지(renewable energy)의 중요성과 비중이 점차 높아지고 있다. 재생가능에너지란 자연 상태에서 만들어진 에너지를 일컫는데, 태양에너지, 풍력에너지, 수력에너지, 지열에너지, 생물자원에너지, 조력에너지, 파도에너지 등이 그것이다. 그러나 대부분의 재생가능에너지는 태양에너지의 변형이므로 그 양이 한정되어 있고 태양에너지의 영향을 크게 받는다. 하지만 그럼에도 불구하고 지열에너지는 재생가능에너지 중 태양에너지의 영향을 크게 받지 않는 편에 속한다. 지열(地熱)에너지는 지구가 가지고 있는 열에너지를 지칭하는데 지열에너지의 근원은 지구내부에서 우라늄, 토륨, 칼륨과 같은 방사성 동위원소가 붕괴하면서 내는 열(약 83%)과 지구 내부 물질에서 방출하는 열(약 17%)로 이루어져 있다. 지표에서 지하로 내려갈수록 지온은 상승하는데, 지하 10Km까지의 평균 지온증가율은 약 25~30도/km이다. 한편, 지구내부에서 맨틀대류에 의한 판의 경계에서는 100도 이상의 고온 지열지대가 존재하며 따라서 대부분의 지열 발전소는 판의 경계에 위치하고 있다.

〈보기〉
지열에너지는 재생가능에너지 중에서도 특히 태양에너지의 영향을 상대적으로 덜 받기 때문에 재생가능에너지 중 활용비율이 가장 높다. (그르다.)

① ○   ② ×

 제시된 지문을 통해 지열에너지가 재생가능에너지 중 활용비율이 가장 높은지는 알 수 없기 때문에 보기의 설명에 대해 '그르다'라고 한 것은 옳지 않다.

<보기>
지열에너지는 지구내부에서 방사성 동위원소가 붕괴하면서 내는 열과 지구에서 반사되는 태양복사에너지로 이루어져 있다. (옳다.)

① ○   ② ×

 제시된 지문을 통해 보기의 내용이 틀렸음을 알 수 있기 때문에 보기의 설명에 대해 '옳다'라고 한 것은 옳지 않다.

<보기>
맨틀대류에 의한 판의 경계에서는 100도 이상의 고온 지열지대가 존재한다. (옳다.)

① ○   ② ×

 제시된 지문을 통해 보기의 내용을 알 수 있기 때문에 보기의 설명에 대해 '옳다'라고 한 것은 옳다.

Answer 39.②②①

40

　　금융거래는 자금공급자로부터 자금수요자로 자금이 이동하는 형태에 따라 직접금융과 간접금융으로 구분된다. 직접금융은 자금수요자가 자기명의로 발행한 증권을 자금공급자에게 팔아 자금공급자로부터 자금을 직접 조달하는 거래이고, 간접금융은 은행과 같은 금융 중개 기관을 통하여 자금이 공급자에게서 수요자에게로 이동되는 거래이다. 직접금융의 대표적인 수단으로 주식·채권 등이 있으며 간접금융거래의 대표적인 수단으로 예금과 대출 등이 있다. 간접금융 또는 주거래은행제도는 다음과 같은 특징을 지닌다. 첫째, 은행과 고객기업 간에는 장기적 거래관계가 있다. 둘째, 은행은 고객기업의 결제구좌의 보유나 회사채 수탁업무 등을 통해 시장이나 다른 금융기관이 입수하기 힘든 기업의 내부정보를 얻어 동 기업이 일시적인 경영위기에 봉착했는가 아니면 근본적인 경영파산 상태에 빠져 있는가 등을 분별해낼 수 있다. 셋째, 은행은 위와 같은 기업 감시 활동을 통해 근본적인 경영파산 상태에 놓인 기업을 중도에 청산시키거나 계속기업으로서 가치가 있으나 일시적인 경영위기에 봉착한 기업을 구제할 수 있다. 그 외에도 은행은 다른 금융기관이나 예금자의 위임된 감시자로서 활동하여 정보의 효율성을 향상시킬 수도 있는데, 상대적인 의미에서 이들은 직접금융을 위주로 하는 시장지향형 경제시스템에서 흔치 않은 경험적 사실이라 하겠다.

〈보기〉
금융거래는 자금 이동 형태에 따라 직접금융과 간접금융으로 구분된다. (그르다.)

① ○　　　　　　　　　　　　② ×

 제시된 지문을 통해 보기의 내용이 옳은 사실임을 알 수 있기 때문에 보기의 설명에 대해 '그르다'라고 한 것은 옳지 않다.

<보기>
　직접금융의 대표적인 수단으로 예금과 대출 등이 있으며 간접금융거래의 대표적인 수단으로 주식·채권 등이 있다. (그르다.)

① ○　　　　　　　　　　　　　② ×

 제시된 지문을 통해 보기의 내용이 틀린 사실임을 알 수 있기 때문에 보기의 설명에 대해 '그르다'라고 한 것은 옳다.

<보기>
　과거 우리나라 기업의 자금조달 방식을 살펴보면, 주요 선진국에 비해 간접금융이 차지하는 비중이 높았다. (그르다.)

① ○　　　　　　　　　　　　　② ×

 제시된 지문을 통해 보기의 내용을 알 수 없기 때문에 보기의 설명에 대해 '그르다'라고 한 것은 옳지 않다.

Answer 40.②①②

41

거란도는 발해시대의 주요 대외교통로로서 「신당서」 발해전에는 수도인 상경을 중심으로 하여 각 방면에 이르는 교통로를 설명하고 있는데 그 가운데 부여부는 거란으로 가는 길이라고 하였다. 요나라의 태조가 발해를 공격할 때 먼저 부여성을 함락시킨 뒤 홀한성을 공격한 것이라든가, 부여부에는 항상 날랜 병사를 주둔시켜 거란을 방비하였다는 「신당서」의 기록들로 말미암아 발해와 거란의 교통에는 반드시 부여부를 거쳐야 함을 나타낸 것이다. 그 구체적인 경로는 상경에서 숭령을 지나 부여부에 이르고 여기에서 다시 몇 개의 지역을 거친 다음 거란의 도성인 임황(지금의 임동현)에 이르게 된다. 그러나 부여부에서 임황에 이르는 경로에 대해서는 여러 가지 견해가 있는데 이는 학자마다 부여부의 위치를 서로 다른 곳으로 추정하고 있기 때문이다.

〈보기〉
부여부는 발해에서 거란으로 가는 발해시대 주요 대외교통로 중 하나이다. (알 수 없다.)

① ○   ② ×

 제시된 지문을 통해 보기의 내용이 옳은 사실임을 알 수 있기 때문에 보기의 설명에 대해 '알 수 없다'라고 한 것은 옳지 않다.

〈보기〉
부여부에서 거란의 도성인 임황으로 가는 경로에 대해서는 여러 가지 견해가 있는데 이는 그만큼 발해와 거란과의 무역이 활발했음을 보여주는 증거이다. (알 수 없다.)

① ○   ② ×

 제시된 지문을 통해 보기의 내용이 틀린 사실임을 알 수 있기 때문에 보기의 설명에 대해 '알 수 없다'라고 한 것은 옳지 않다.

〈보기〉
거란도에 대한 기록은 「신당서」 발해전에서만 찾을 수 있다. (알 수 없다.)

① ○   ② ×

Tip 제시된 지문을 통해 보기의 내용을 알 수 없기 때문에 보기의 설명에 대해 '알 수 없다'라고 한 것은 옳다.

42

가락바퀴는 '방주차'라고도 하며 신석기 시대에서 청동기 시대에 걸쳐 사용된 원시적인 방적구 중 하나이다. 즉 짧은 섬유의 경우는 섬유를 길게 이으며 뒤 꼬임을 주어 실을 만들고 긴 섬유의 경우는 꼬임만을 주어 실을 만드는 방적구의 가장 원시적인 형태라고 할 수 있다. 우리나라에서는 황해도 봉산군 문정면 지탑리, 평안남도 용강군 해운면 궁산리, 강원도 양양군 손양면 오산리, 한강 중류의 여주시 점동면 흔암리 유적에서 출토되었다. 가락바퀴는 그 중앙에 둥근 구멍이 뚫려 있는데 그 구멍을 통하여 가락바퀴의 축이 될 막대를 넣어 고정시킨 상태로 만들어서 완성시킨다. 막대의 위쪽 끝에는 갈퀴를 만들어 둔다.

〈보기〉
가락바퀴는 중세에 이르러 물레로 발전하였다. (옳다.)

① ○   ② ×

 제시된 지문을 통해 보기의 내용을 알 수 없기 때문에 보기의 설명에 대해 '옳다'라고 한 것은 옳지 않다.

〈보기〉
가락바퀴는 시대와 장소에 따라 그리고 형태에 따라 다양하게 나타난다. (옳다.)

① ○   ② ×

 제시된 지문을 통해 보기의 내용을 알 수 없기 때문에 보기의 설명에 대해 '옳다'라고 한 것은 옳지 않다.

〈보기〉
여주시 점동면 흔암리 유적은 가락바퀴가 출토된 곳 중 가장 남쪽에 위치한다. (옳다.)

① ○   ② ×

 제시된 지문을 통해 보기의 내용을 알 수 없기 때문에 보기의 설명에 대해 '옳다'라고 한 것은 옳지 않다.

Answer ⟶ 41.②②① 42.②②②

43

　　봉수는 햇불과 연기로써 급한 소식을 전하던 전통시대의 통신제도로 높은 산에 올라가 불을 피워 낮에는 연기로, 밤에는 불빛으로 신호하는 방식이었다. 봉수제도는 우역제와 더불어 신식우편과 전기통신이 창시되기 이전의 전근대국가에서는 가장 중요하고 보편적인 통신방법이었는데 역마나 인편보다 시간적으로 단축되었고, 신속한 효용성을 발휘하여 지방의 급변하는 민정상황이나 국경지방의 적의 동태를 상급기관인 중앙의 병조에 쉽게 연락할 수 있었기 때문이다. 보통 봉수제는 국가의 정치·군사적인 전보기능을 목적으로 설치되었는데 우리나라에서 군사적인 목적으로 설치된 봉수제가 처음 문헌기록에 나타난 시기는 고려 중기 무렵이다. 이후 조선이 건국되면서 조선의 지배층들은 고려시대 봉수제를 이어받았는데 특히 세종 때에는 종래에 계승되어 온 고려의 봉수제를 바탕으로 하고 중국의 제도를 크게 참고하여 그 면모를 새롭게 하였다. 하지만 이러한 봉수제는 시간이 지날수록 점점 유명무실하게 되었고 결국 임진왜란이 일어나자 이에 대한 대비책으로 파발제가 등장하게 되었다. 봉수는 경비가 덜 들고 신속하게 전달할 수 있는 장점이 있으나 적정을 오직 5거의 방법으로만 전하여, 그 내용을 자세히 전달할 수 없어 군령의 시달이 어렵고 또한 비와 구름·안개로 인한 판단곤란과 중도단절 등의 결점이 있었다. 반면에 파발은 경비가 많이 소모되고 봉수보다는 전달속도가 늦은 결점이 있으나 문서로써 전달되기 때문에 보안유지는 물론 적의 병력 수·장비·이동상황 그리고 아군의 피해상황 등을 상세하게 전달할 수 있는 장점이 있었다.

〈보기〉

　봉수제는 조선시대 초기 그 제도가 확립되어 시간이 지날수록 군사적인 측면에서 큰 역할을 하였다. (알 수 없다.)

① ○　　　　　　　　　　　　　　② ×

 제시된 지문을 통해 보기의 내용이 틀린 사실임을 알 수 있기 때문에 보기의 설명에 대해 '알 수 없다'라고 한 것은 옳지 않다.

<보기>
봉수제는 국가의 정치·군사적인 전보기능은 물론이고 일반 국민들의 개인적인 의사
표시나 서신을 전달할 때도 사용되었다. (옳다.)

① ○   ② ×

 제시된 지문을 통해 보기의 내용은 알 수 없기 때문에 보기의 설명에 대해 '옳다'라고 한
것은 옳지 않다.

<보기>
파발은 봉수에 비해 그 내용을 상세하게 전달할 수 있다는 장점이 있었지만 다른 한
편으로는 전달속도가 느리다는 단점도 가지고 있다. (그르다.)

① ○   ② ×

 제시된 지문을 통해 보기의 내용이 옳은 사실임을 알 수 있기 때문에 보기의 설명에 대해
'그르다'라고 한 것은 옳지 않다.

Answer → 43.②②②

44

일반적으로 감기라는 말은 독감을 포함한 상기도 감염증을 총괄하여 지칭하기도 하는데 병리학적으로는 감기와 독감은 병을 일으키는 바이러스의 종류와 그 증세에 있어 차이를 보인다. 감기의 경우, 그 증상은 보통 재채기, 두통, 피로감, 몸이 떨리며 춥고, 목이 아프고, 코의 염증(비염), 콧물 등의 증상이 나타나는데 열은 없으며 이러한 증상이 며칠 정도 지속된다. 초기에는 콧물이 나오기 시작하여 점차 그 양이 많아지고 농도가 짙어지며 기침과 함께 가래가 나오기도 한다. 감기를 일으키는 바이러스는 현재까지 약 1백여 종 이상으로 알려져 있는데 한 가지 바이러스가 경우에 따라서는 여러 가지 다양한 증상을 일으킬 수도 있어 원인이 되는 바이러스를 알아내기가 어렵다. 또한 동일한 증상이라도 원인균은 환자의 연령, 거주지, 발병 시기 및 사회적 조건에 따라 다르다. 그러나 대개의 경우 충분한 휴식을 취하고 적절한 수분섭취로 증상을 완화시켜 주면 통상 3~4일 정도면 증상이 소실되고 저절로 나아지는 질병이다. 감기는 호흡기를 통하여 감염되므로 전염력이 매우 강하다. 따라서 감기가 발생하였을 때는 전염방지를 위한 특별한 위생관리가 필요하다. 치료는 충분한 휴식을 취하고 적절한 수분섭취로 증상을 완화시켜 주며, 콧물·두통 등의 증세를 완화시키기 위한 약물을 복용하거나, 2차 감염을 방지하기 위한 항생제를 복용하는 경우가 있다. 반면 독감은 인플루엔자 바이러스라는 특정한 바이러스의 감염증이다. 인플루엔자는 보통의 감기와는 달리 고열이 나고 전신근육통과 쇠약감이 아주 심하다는 특징이 있으며, 무엇보다도 2차 감염·뇌염·심근염 등의 심각한 합병증의 우려가 있기 때문에 주의를 요한다. 특히 독감에 걸리게 되면 기관지의 점막이 손상되고, 이러한 손상을 통해서 일반세균의 2차 감염이 일어나 세균성 폐렴에 걸릴 가능성이 있다. 독감이 걸린 후의 예후는 이러한 2차 감염이 오는가 여부에 달려 있다. 독감은 소아·노인 등에서 심하게 발병하여 때로는 사망의 원인이 되기도 한다.

〈보기〉
감기는 호흡기를 통하여 감염되므로 특별한 위생관리가 필요하다. (옳다.)

① ○   ② ×

 제시된 지문을 통해 보기의 내용이 옳은 사실임을 알 수 있기 때문에 보기의 설명에 대해 '옳다'라고 한 것은 옳다.

<보기>
독감에 걸려 사망한 사람들 중 대다수는 2차 감염으로 생긴 세균성 폐렴이 그 원인이다. (알 수 없다.)

① ○   ② ×

 제시된 지문을 통해 보기의 내용은 알 수 없기 때문에 보기의 설명에 대해 '알 수 없다'라고 한 것은 옳다.

<보기>
    감기 바이러스와는 달리 독감 바이러스는 인플루엔자 바이러스라는 특정한 바이러스이기 때문에 바이러스의 퇴치가 쉬운 편이다. (알 수 없다.)

① ○   ② ×

 제시된 지문을 통해 보기의 내용은 알 수 없기 때문에 보기의 설명에 대해 '알 수 없다'라고 한 것은 옳다.

Answer⟶ 44.①①①

45

　　가마는 조그마한 집 모양으로 생긴 운송수단으로 안에 사람이 들어앉고, 앞뒤에서 두 사람 또는 네 사람이 밑에 붙은 가마채를 손으로 들거나 끈으로 매어 운반한다. 대개 가마뚜껑과 가마바탕 및 가마채로 이루어지고, 여기에 방석이 곁들여진다. 가마의 범주에 드는 것은 연·덩·가교·사인교·보교 등이 있다. 가마가 언제부터 생겨난 것인지는 확실히 알 수 없지만 신라시대 기와에 바퀴 달린 연 비슷한 것이 새겨진 것이나 고구려의 안악3호분 전실 서측 벽에 있는 주인도와 부인도에 호화로운 가마에 앉아 있는 주인과 부인의 모습이 각각 그려져 있는 것으로 보아 이미 삼국시대 이전에 존재했던 것으로 판단된다. 「고려도경」에도 채여·견여 등을 비롯한 고려시대의 가마에 대해 언급되어 있고 조선시대에는 특히 관리들의 품계에 따라 수레나 가마를 타는 데 차등을 두었던 교여지제가 있었다. 이에 따르면, 평교자는 일품과 기로(60세 이상의 노인), 사인교는 판서 또는 그에 해당하는 관리, 초헌은 종2품 이상, 사인남여는 종2품의 참판 이상, 남여는 3품의 승지와 각 조의 참의 이상, 장보교는 하급관원이 탔다. 한편 가마를 타고 대궐의 문 안에까지 들어갈 수 있었던 사람은 삼정승과 조선 말기의 청나라 공사에 한정되었다.

〈보기〉
조선시대 때 60세 이상의 노인들은 평교자를 이용할 수 있었다. (그르다.)

① ○ ② ×

 제시된 지문을 통해 보기의 내용은 옳은 사실임을 알 수 있기 때문에 보기의 설명에 대해 '그르다'라고 한 것은 옳지 않다.

<보기>

조선시대 좌의정은 가마를 타고 대궐의 문 안까지 들어갈 수 있었다. (옳다.)

① ○   ② ×

 제시된 지문을 통해 보기의 내용이 옳은 설명임을 알 수 있기 때문에 보기의 설명에 대해 '옳다'라고 한 것은 옳다.

<보기>

조선시대에는 관리들의 품계에 따라 수레나 가마를 타는 데 차등을 두는 교여지제가 있었다. (알 수 없다.)

① ○   ② ×

 제시된 지문을 통해 보기의 내용이 옳은 설명임을 알 수 있기 때문에 보기의 설명에 대해 '알 수 없다'라고 한 것은 옳지 않다.

Answer ↪ 45.②①②

46

가마우지는 가마우지과에 속하는 바닷새로 우리나라에는 가마우지·민물가마우지·쇠가마우지 등 3종이 알려져 있지만 세계적으로는 30종이 보고되어 있다. 몸 색깔은 암수 흑색에 남녹색의 금속광택이 있고, 부리의 주위에서 눈의 주위는 피부가 노출되어 황색 피부의 노출부의 바깥쪽과 얼굴 및 목은 흰색에 녹흑색의 작은 반점이 있다. 가마우지의 알은 담청색에 반점이 없고 표면은 대부분 백색의 석회질로 덮여 있는데 그 모양은 긴 타원형이다. 가마우지류는 집단으로 번식하고 집단으로 이동하는 사회성이 높은 새로 번식기에는 수컷이 집 재료를 모으고 암컷이 집을 짓는데, 주로 바위 위에 지으며 마른풀이나 해초를 주재료로 쓴다. 산란기는 5월 하순에서 7월로 한배의 산란 수는 4, 5개이다. 먹이는 주로 물고기로 어미가 먹이를 집에 가져오면 새끼는 어미의 입속에 머리를 깊이 박고 꺼내 먹는다. 우리나라·일본·대만 등지에 분포하며, 우리나라에서는 특히 울릉도와 제주도에 많이 서식한다. 「동의보감」에 의하면 가마우지의 성(性)이 냉하고 유독하므로 뜨거운 물이나 불에 덴 데에 약으로 쓰는데 물가의 돌 위에 똥이 자색의 꽃처럼 되어 있어 이것을 긁어모아 기름에 섞어서 바른다고 하였다. 또, 어린이의 감질(젖먹이의 조절을 잘못하여 체하여 생기는 병)에는 이것을 분말로 갈아서 멧돼지 간을 구워 찍어 먹으면 특효가 있다고 하였다.

〈보기〉
가마우지는 우리나라에서 천연기념물로 지정되어 있다. (그르다.)

① ○   ② ×

 제시된 지문을 통해 가마우지가 우리나라에서 천연기념물로 지정되었는지는 알 수 없기 때문에 보기의 설명에 대해 '그르다'라고 한 것은 옳지 않다.

> 〈보기〉
> 가마우지의 부리는 반점이 없고 표면이 대부분 백색의 석회질로 덮여 있다. (알 수 없다.)

① ○   ② ×

 제시된 지문을 통해 보기의 내용이 틀린 사실임을 알 수 있기 때문에 보기의 설명에 대해 '알 수 없다'라고 한 것은 옳지 않다.

> 〈보기〉
> 가마우지는 번식기를 제외하고는 보통 단독생활을 한다. (그르다.)

① ○   ② ×

 제시된 지문을 통해 보기의 내용이 틀린 사실임을 알 수 있기 때문에 보기의 설명에 대해 '그르다'라고 한 것은 옳다.

Answer → 46.②②①

47

가문비나무는 소나무과에 속하는 고산성 상록침엽수로 감비나무 혹은 당회·어린송·삼송 등으로도 불린다. 특히 어린송이란 나무껍질이 고기비늘 모양을 한 데서 붙여진 이름이다. 높이는 40m, 지름은 1m에 달하고 수피는 비늘처럼 벗겨지며 수관은 원추형이다. 잎은 1, 2cm 길이로 편평한 선형이며 끝이 뾰족하다. 수꽃은 황갈색, 암꽃은 자줏빛으로 되어있고 그 길이는 15mm 정도이다. 열매는 황록색의 타원체로서 밑으로 처지는데 그 길이는 대략 4~7.5cm로 실편이 떨어지지 않는다. 가문비나무는 높고 추운 곳이 아니면 좀처럼 살기 힘든 식물로 해발고도 500~2,300m까지의 산지에서 자생하며 전나무·잣나무와 함께 북쪽의 상록침엽수림을 구성하는 나무이다. 이 나무는 민족항일기 이전에는 풍부한 목재자원을 이루고 있었으나, 일본의 수탈로 많이 벌채되었다. 한반도 남쪽지방에서는 지리산을 비롯한 덕유산·설악산 등에서 볼 수 있으며 우리나라뿐 아니라 일본의 북해도와 중국·만주·우수리 등에서도 분포한다.

〈보기〉

가문비나무를 어린송이라 부르는 것은 다른 소나무과의 식물보다 그 크기가 작기 때문이다. (그르다.)

① ○   ② ×

 제시된 지문을 통해 보기의 내용이 틀린 사실임을 알 수 있기 때문에 보기의 설명에 대해 '그르다'라고 한 것은 옳다.

<보기>
  가문비나무는 북쪽의 상록침엽수림을 구성하는 나무로 500~2,300m까지의 산지에서 자생한다. (알 수 없다.)

① ○   ② ×

 제시된 지문을 통해 보기의 내용이 옳은 사실임을 알 수 있기 때문에 보기의 설명에 대해 '알 수 없다'라고 한 것은 옳지 않다.

<보기>
  가문비나무는 일제시대 일본의 수탈로 많이 벌채되었다. (옳다.)

① ○   ② ×

 제시된 지문을 통해 보기의 내용이 옳은 사실임을 알 수 있기 때문에 보기의 설명에 대해 '옳다'라고 한 것은 옳다.

Answer┌→ 47.①②①

48

가훈은 가정의 윤리적 지침으로서 가족들이 지켜야 할 도덕적인 덕목을 간명하게 표현한 것으로 가계·정훈·가규라고도 한다. 가정은 사회생활의 기본적인 바탕이 되는 곳이므로 자녀들이 사회를 보는 눈은 가정에서 형성된 가치관을 통해서 길러지게 된다. 따라서 가훈은 사회의 윤리관에 우선하는 것이며 사회교육에서 기대할 수 없는 독특한 교육적 기능을 가지고 있다. 가훈은 주로 수신제가하는 방법을 가르치는 것으로서 중국에서는 남북조시대 안지추가 지은 「안씨가훈」, 당나라 하동 유씨의 가훈, 송나라 사마광의 가범, 주자가훈, 원채의 원씨세범, 원나라 때의 정씨가범, 명나라 때의 곽위애의 가훈, 방씨가훈 등이 유명하다. 특히 「안씨가훈」은 가장 대표적인 것으로서 가족도덕을 비롯하여 학문·교양·사상·생활양식과 태도, 처세와 교제방법, 언어·예술에 이르기까지 구체적인 체험과 사례들을 열거하여 자세히 기록하였으며, 시세에 편승하지 않고 조화와 평화, 안전을 중요시하며 소박하고 견실한 가정생활을 이상으로 삼고 있다. 또한 가훈으로서 뿐 아니라 사회·경제를 비롯한 모든 면에서 당시의 풍조를 연구하는 데 「안씨가훈」은 가치 있는 자료이다. 우리나라에서는 가훈이 없는 집안이 거의 없을 정도로 보편화되어 있는데 김유신 집안의 '충효', 최영 집안의 '황금 보기를 돌같이 하라.', 신사임당의 '신의·지조·청백·성실·우애', 김굉필의 '인륜', 이언적의 '근검과 절약', 이이의 '화목과 우애' 등은 오랫동안 그들 집안의 생활신조로 이어졌던 대표적인 가훈들이다.

〈보기〉
가훈은 중국의 남북조시대 때 처음 만들어져 우리나라로 전해진 것이다. (알 수 없다.)

① ○   ② ✕

 제시된 지문을 통해 보기의 내용을 알 수 없기 때문에 보기의 설명에 대해 '알 수 없다'라고 한 것은 옳다.

> 〈보기〉
> 최영 집안의 '황금 보기를 돌같이 하라.'라는 가훈은 오늘날까지도 그들 집안에 전해 내려오고 있다. (그르다.)

① ○   ② ×

 제시된 지문을 통해 보기의 내용을 알 수 없기 때문에 보기의 설명에 대해 '그르다'라고 한 것은 옳지 않다.

> 〈보기〉
> 우리나라의 모든 가훈은 중국의 「안씨가훈」을 모델로 삼고 있다. (알 수 없다.)

① ○   ② ×

 제시된 지문을 통해 보기의 내용을 알 수 없기 때문에 보기의 설명에 대해 '알 수 없다'라고 한 것은 옳다.

Answer→ 48.①②①

49

가문소설은 가문 간의 갈등과 가문 내 구성원 간의 애정 문제 등을 주제로 하여 창작한 고전소설로 방대한 분량의 장편형식으로 이루어져 있다. 가문소설이 조선 후기 정조 때를 전후하여 발전했기 때문에 근대적 성격이 나타나고 있지만 그 중심 내용은 가문 창달을 목적으로 하고 있다. 그 목적의 중요 요소는 대부분 사대부 가문의 복고를 통하여 실학자 및 평민에 맞서는 요소로써 정조 이후 붕괴되어 가는 중앙집권화에의 재건과 퇴폐해 가는 강상(삼강과 오상. 곧 사람이 지켜야 할 도리)의 회복을 위한 목적의식이 뚜렷한 소설이다. 당시 정조의 문풍쇄신운동의 일환으로 유교윤리 회복을 위한 실천을 통해 유가적 질서 회복을 위하여 자생한 것이 보학과 가전문학 사업이었는데 가문소설은 이러한 배경에서 나타난 것이다. 가문소설의 명칭은 가계소설 · 연대기소설 · 세대기소설 · 가족사소설 · 가문소설 등으로도 불리며 또한 별전이 연작되는 시리즈 소설이라는 점에서 연작소설 또는 별전소설 등으로도 불렸다.

〈보기〉

가문소설은 정조의 문풍쇄신운동의 일환인 가전문학 사업을 배경으로 나타났다. (알 수 없다.)

① ○　　　　　　　　　　　　　　② ×

 제시된 지문을 통해 보기의 내용이 옳은 사실임을 알 수 있기 때문에 보기의 설명에 대해 '알 수 없다'라고 한 것은 옳지 않다.

〈보기〉
가문소설은 목적의식이 뚜렷한 소설로 대부분 가문 창달을 목적으로 하고 있다. (그르다.)

① ○   ② ×

 제시된 지문을 통해 보기의 내용이 옳은 사실임을 알 수 있기 때문에 보기의 설명에 대해 '그르다'라고 한 것은 옳지 않다.

〈보기〉
가문소설의 대표적인 작품으로 염상섭의 「삼대」, 최만식의 「태평천하」 등이 있다. (옳다.)

① ○   ② ×

 제시된 지문을 통해 보기의 내용을 알 수 없기 때문에 보기의 설명에 대해 '옳다'라고 한 것은 옳지 않다.

Answer → 49.②②②

50

「가곡원류」는 1876년 박효관과 안민영이 편찬한 가집으로 「청구영언」·「해동가요」와 더불어 3대 시조집으로 일컬어진다. 10여종의 이본 가운데 원본에 가깝다고 추정되는 국립국악원 소장본은 표제가 '가사집'이다. 이본에 따라 청구영언·청구악장·해동악장·화원악보 등의 이칭이 있다. 「가곡원류」의 본편은 남창부 665수, 여창부 191수로 총 856수의 시조작품을 싣고 있으며 작품 배열은 오로지 곡조에 따라 30항목으로 분류하였고 작가의 신분차이나 연대순 등은 전혀 고려하지 않았다. 또한 이름이 알려진 작가와 무명씨의 작품도 곡조에 따라 뒤섞여 있는데 다만 작가가 밝혀진 작품은 그 끝에 작가의 성명과 함께 간단한 약력을 소개하였다. 수록작가의 연대적인 범위는 고구려의 을파소에서부터 조선 고종 때의 안민영에 이르기까지 다양하며 작가의 신분계층도 위로는 열성에서 명공석사·기녀에 이르기까지 폭넓게 다루고 있다. 「청구영언」이나 「해동가요」가 시조문학의 중간보고서라면, 이 「가곡원류」는 그 총결산보고서라고 할 만한데 이는 이 책이 편찬된 직후 우리의 전통문학을 잇는 이른바 신문학의 새 물결이 밀어닥쳐 왔기 때문이다. 특히 「가곡원류」는 이본이 10여종이나 될 정도로 그 유포가 광범위하고 각 작품의 파트를 구비한 시조집의 전범이 될 수 있다.

〈보기〉

「가곡원류」는 약 10여종의 이본이 있으며 그 중에서 원본에 가깝다고 추정되는 것은 현재 국립국악원에서 소장하고 있다. (알 수 없다.)

① ○   ② ✕

 제시된 지문을 통해 보기의 내용이 옳은 사실임을 알 수 있기 때문에 보기의 설명에 대해 '알 수 없다'라고 한 것은 옳지 않다.

<보기>
「가곡원류」는 이름이 알려진 작가와 무명씨의 작품을 곡조에 따라 분명하게 구분하고 있다. (옳다.)

① ○   ② ×

 제시된 지문을 통해 보기의 내용이 틀린 사실임을 알 수 있기 때문에 보기의 설명에 대해 '옳다'라고 한 것은 옳지 않다.

<보기>
「가곡원류」는 시조문학의 중간보고서 성격을 띠며 「청구영언」·「해동가요」와 더불어 3대 시조집으로 일컬어진다. (그르다.)

① ○   ② ×

 제시된 지문을 통해 「가곡원류」는 총결산보고서라고 볼 수 있기 때문에 보기의 설명에 대해 '그르다'라고 한 것은 옳다.

Answer ➔ 50.②②①

자료해석

※ 실제 시험에서는 문제가 앞부분에 먼저 나열되어 있고 맨 뒷부분에 표와 자료가 제시되어 있습니다.

1 다음은 서식처별 현황파악 및 관련 예산에 대한 표이다. 이에 대한 설명으로 적합하지 않은 것은?

(단위 : 억 원)

항목 서식처	현형파악 비용	장기관찰 비용	연구 및 보안 비용	복구비용	기타 비용	합계
산림생태계	100	90	1,000	640	1,000	2,830
해양생태계	100	112	1,500	800	500	3,012
호소생태계	80	140	200	200	200	820
하천생태계	30	5	15	100	150	300
국립공원	10	198	30	50	300	588
농경생태계	50	100	950	750	100	1,950
도시 및 산업생태계	50	50	50	500	100	750
계	420	695	3,745	3,040	2,350	10,250

※ 서식처 크기는 현황파악 비용, 장기관찰 비용, 복구비용의 합과 비례하며, 각 서식처의 생물 다양성 파악정도
는 '현황파악 비용'에 대한 '연구 및 보전 비용'의 비율에 반비례한다.

① 서식처 크기는 해양생태계가 가장 크다.

② 비용합계에서 차지하는 장기관찰 비용의 비중이 가장 큰 서식처는 장기관찰비용 역
시 가장 크다.

③ 생물다양성 파악정도가 가장 큰 것은 하천생태계로 산림생태계보다 20배나 크다.

④ 생물다양성 파악정도가 가장 낮은 서식처는 해양생태계이다.

(Tip) 생물다양성 파악정도가 가장 낮은 서식처는 농경생태계이다.
비용합계에서 차지하는 장기관찰 비용의 비중이 가장 큰 서식처는 국립공원이며, 장기관찰
비용이 가장 크다.

2 다음 표는 우리나라 대도시 인구와 화재 발생 건수의 관계를 정리한 것이다. 표를 보고 바르게 해석한 것으로 묶인 것은?

구분	화재건수	비율	인구수	비율
서울	7,058	48%	9,853,972	44%
부산	2,190	15%	3,655,437	16%
대구	596	4%	2,482,990	12%
인천	2,005	13%	2,466,338	11%
광주	726	5%	1,350,948	6%
대전	1,060	7%	1,356,961	6%
울산	1,160	8%	1,012,110	5%
합계	14,795	100%	22,178,756	100%

㉠ 표에서 주어진 도시 중 인구 대비 화재 건수가 7대 도시 평균보다 많은 도시는 4개이다.
㉡ 부산의 화재건수 비율보다 대구의 인구수 비율이 더 크다.
㉢ 평균적으로 인천에 비해 울산의 시민이 더 자주 화재를 경험한다.
㉣ 화재 1건당 인구가 천명 미만이 되는 도시는 2개이다.

① ㉠㉡   ② ㉠㉢
③ ㉡㉢   ④ ㉢㉣

 ㉡ 부산의 화재건수 비율보다 대구의 인구수 비율이 더 작다.
㉣ 화재 1건당 인구가 천명 미만이 되는 도시는 울산 1개이다.

3 다음은 2009 ~ 2018년 5개 자연재해 유형별 피해금액에 관한 자료이다. 이에 대한 설명으로 옳은 것만을 모두 고른 것은?

5개 자연재해 유형별 피해금액

(단위 : 억 원)

연도 유형	2009	2010	2011	2012	2013	2014	2015	2016	2017	2018
태풍	3,416	1,385	118	1,609	9	0	1,725	2,183	8,765	17
호우	2,150	3,520	19,063	435	581	2,549	1,808	5,276	384	1,581
대설	6,739	5,500	52	74	36	128	663	480	204	113
강풍	0	93	140	69	11	70	2	0	267	9
풍랑	0	0	57	331	0	241	70	3	0	0
전체	12,305	10,498	19,430	2,518	637	2,988	4,268	7,942	9,620	1,720

> ㉠ 2009 ~ 2018년 강풍 피해금액 합계는 풍랑 피해금액 합계보다 적다.
> ㉡ 2017년 태풍 피해금액은 2017년 5개 자연재해 유형 전체 피해금액의 90% 이상이다.
> ㉢ 피해금액이 매년 10억 원보다 큰 자연재해 유형은 호우뿐이다.
> ㉣ 피해금액이 큰 자연재해 유형부터 순서대로 나열하면 2015년과 2016년의 순서는 동일하다.

① ㉠㉡ ② ㉠㉢

③ ㉢㉣ ④ ㉠㉡㉣

㉠ 주어진 기간 동안 강풍 피해금액과 풍랑 피해금액의 합계를 각각 계산하여 비교하기 보다는 소거법을 이용하여 비교하는 것이 좋다. 비슷한 크기의 값들을 서로 비교하여 소거한 뒤 남은 값들의 크기를 비교해주는 것으로 2014년 강풍과 2015년 풍랑 피해금액이 70억 원으로 동일하고 2010, 2011, 2013년 강풍 피해금액의 합 244억 원과 2014년 풍랑 피해금액 241억 원이 비슷하다. 또한 2012, 2017년 강풍 피해금액의 합 336억 원과 2012년 풍랑 피해금액 331억 원이 비슷하다. 이 값들을 소거한 뒤 남은 값들을 비교해보면 강풍 피해금액의 합계가 풍랑 피해금액의 합계보다 더 작다는 것을 알 수 있다.

㉡ 2017년 태풍 피해금액이 2017년 5개 자연재해 유형 전체 피해금액의 90% 이상이라는 것은 즉, 태풍을 제외한 나머지 4개 유형 피해금액의 합이 전체 피해금액의 10% 미만이라는 것을 의미한다. 2017년 태풍을 제외한 나머지 4개 유형 피해금액의 합을 계산하면 전체 피해금액의 10% 밖에 미치지 못함을 알 수 있다.

㉢ 피해금액이 매년 10억 원보다 큰 자연재해 유형은 호우, 대설이 있다.

㉣ 피해금액이 큰 자연재해 유형부터 순서대로 나열하면 2015년 호우, 태풍, 대설, 풍랑, 강풍이며 이 순서는 2016년의 순서와 동일하다.

4 다음 자료는 甲, 乙 기업의 경력사원채용 지원자 특성에 관한 자료이다. 이에 대한 설명 중 옳은 것은?

지원자 특성	기업	甲 기업	乙 기업
성별	남성	53	57
	여성	21	24
최종학력	학사	16	18
	석사	19	21
	박사	39	42
연령대	30대	26	27
	40대	25	26
	50대 이상	23	28
관련 업무 경력	5년 미만	12	18
	5년 이상 ~ 10년 미만	9	12
	10년 이상 ~ 15년 미만	18	17
	15년 이상 ~ 20년 미만	16	9
	20년 이상	19	25

※ 甲 기업과 乙 기업에 모두 지원한 인원은 없다.

① 甲 기업 지원자 중 남성 지원자의 비율은 관련 업무 경력이 10년 이상인 지원자의 비율보다 높다.

② 甲, 乙 기업 전체 지원자 중 40대 지원자의 비율은 35% 미만이다.

③ 기업별 여성 지원자의 비율은 甲 기업이 乙 기업보다 높다.

④ 최종학력이 석사 또는 박사인 甲 기업 지원자의 비율은 80%를 넘는다.

(Tip) ② 甲, 乙 기업 전체 지원자 : 155명

　　 40대 지원자 : 51명

　　 $\therefore \frac{51}{155} \times 100 = 32.9\%$

　① 甲 기업 지원자 중 남성 지원자의 비율과 관련 업무 경력이 10년 이상인 지원자의 비율은 서로 같다.

　③ 甲 기업 : $\frac{21}{74} \times 100 = 28.4\%$, 乙 기업 : $\frac{24}{81} \times 100 = 29.6\%$

　④ $\frac{58}{74} \times 100 = 78.4\%$로 80%를 넘지 않는다.

Answer ↦ 3.④　4.②

5 다음 표는 국내 학술단체가 발간하는 학술지를 대상으로 2001~2010년 동안 발간한 논문의 정보를 분석한 통계자료이다. 아래 보기에서 언급하고 있는 주제 분야를 모두 바르게 나열한 것은?

〈국내 학술지 분야별 발간 현황〉

주제 분야	학술지 수	총 논문 수	총 저자 수	총 참고문헌 수
인문학	513권	108,973편	115,703명	1,251,003권
사회과학	676권	139,277편	216,282명	1,942,674권
자연과학	126권	74,457편	241,436명	668,564권
공학	256권	145,311편	450,782명	916,807권
의약학	241권	102,952편	489,842명	1,133,622권
농수해양	76권	35,491편	145,127명	351,794권
예술체육	112권	39,001편	69,446명	450,126권
복합학	100권	16,986편	30,608명	213,072권
합계	2,100권	662,448편	1,759,226명	6,927,662권

〈보기〉

㉠ 이 분야는 논문당 평균 저자 수가 가장 많다.
㉡ 이 분야는 학술지당 평균 저자 수가 인문학, 복합학 다음으로 적다.
㉢ 이 분야는 논문당 평균 저자 수가 4명보다 많으며, 논문당 평균 참고문헌 수는 10권을 넘지 않는다.
㉣ 이 분야는 논문당 평균 저자 수가 2명보다 적으며, 논문당 평균 참고문헌 수가 12권 이상으로 사회과학 다음으로 많다.

	㉠	㉡	㉢	㉣
①	의약학	사회과학	농수해양	복합학
②	인문학	사회과학	의약학	농수해양
③	인문학	사회과학	의약학	복합학
④	사회과학	의약학	농수해양	예술체육

 ㉠ 논문당 평균 저자 수가 가장 많은 것은 의약학이다.
㉡ 학술지당 평균 저자 수는 인문학 < 복합학 < 사회과학 순이다.
㉢ 논문당 평균 저자 수가 4명보다 많고, 논문당 평균 참고문헌 수가 10권을 넘지 않는 것은 농수해양이다.
㉣ 논문당 평균 저자 수가 2명보다 적으며, 논문당 평균 참고문헌 수가 12권 이상으로 사회과학 다음으로 많은 것은 복합학이다.

6 다음은 소정연구소에서 제습기 A~E의 습도별 연간소비전력량을 측정한 자료이다. 이에 대한 설명 중 옳은 것끼리 바르게 짝지어진 것은?

제습기 A~E의 습도별 연간소비전력량

(단위 : kWh)

제습기 \ 습도	40%	50%	60%	70%	80%
A	550	620	680	790	840
B	560	640	740	810	890
C	580	650	730	800	880
D	600	700	810	880	950
E	660	730	800	920	970

ⓐ 습도가 70%일 때 연간소비전력량이 가장 적은 제습기는 A이다.
ⓑ 각 습도에서 연간소비전력량이 많은 제습기부터 순서대로 나열하면, 습도 60%일 때 와 습도 70%일 때의 순서는 동일하다.
ⓒ 습도가 40%일 때 제습기 E의 연산소비전력량은 습도가 50%일 때 제습기 B의 연간 소비전력량보다 많다.
ⓓ 제습기 각각에서 연간소비전력량은 습도가 80%일 때가 40%일 때의 1.5배 이상이다.

① ⓐⓑ   ② ⓐⓒ
③ ⓑⓓ   ④ ⓐⓒⓓ

 ⓐ 습도가 70%일 때 연간소비전력량은 790으로 A가 가장 적다.
ⓑ 60%와 70%를 많은 순서대로 나열하면 60%일 때 D − E − B − C − A, 70%일 때 E − D − B − C − A이다.
ⓒ 40%일 때 E=660, 50%일 때 B=640이다.
ⓓ 40%일 때의 값에 1.5배를 구하여 80%와 비교해 보면 E는 1.5배 이하가 된다.

A = 550×1.5 = 825   840
B = 560×1.5 = 840   890
C = 580×1.5 = 870   880
D = 600×1.5 = 900   950
E = 660×1.5 = 990   970

7 다음 표는 통신사 A, B, C의 스마트폰 소매가격 및 평가점수 자료이다. 이에 대한 〈보기〉의 설명 중 옳은 것만을 모두 고른 것은?

통신사별 스마트폰의 소매가격 및 평가점수

(단위 : 달러, 점)

통신사	스마트폰	소매가격	평가항목					종합품질 점수
			화질	내비게이션	멀티미디어	배터리 수명	통화성능	
A	a	150	3	3	3	3	1	13
	b	200	2	2	3	1	2	10
	c	200	3	3	3	1	1	11
B	d	180	3	3	3	2	1	12
	e	100	2	3	3	2	1	11
	f	70	2	1	3	2	1	9
C	g	200	3	3	3	2	2	13
	h	50	3	2	3	2	1	11
	i	150	3	2	2	3	2	12

㉠ 소매가격이 200달러인 스마트폰 중 '종합품질점수'가 가장 높은 스마트폰은 c이다.
㉡ 소매가격이 가장 낮은 스마트폰은 '종합품질점수'도 가장 낮다.
㉢ 통신사 각각에 대해서 해당 통신사 스마트폰의 '통화성능' 평가점수의 평균을 계산하여 통신사별로 비교하면 C가 가장 높다.
㉣ 평가항목 각각에 대해서 스마트폰 a~i 평가점수의 합을 계산하여 평가항목별로 비교하면 '멀티미디어'가 가장 높다.

① ㉠
② ㉢
③ ㉠㉡
④ ㉢㉣

㉠ 200달러인 스마트폰 중 종합품질점수가 가장 높은 스마트폰은 g이다.
㉡ 소매가격이 가장 낮은 스마트폰은 h이며, 종합품질점수가 가장 낮은 스마트폰은 f이다.
㉢ A : $\frac{1+2+1}{3}=\frac{4}{3}$, B : $\frac{1+1+1}{3}=1$, C : $\frac{2+1+2}{3}=\frac{5}{3}$
㉣ 화질 : $3+2+3+3+2+2+3+3+3=24$
   내비게이션 : $3+2+3+3+3+1+3+2+2=22$
   멀티미디어 : $3+3+3+3+3+3+3+3+2=26$
   배터리 수명 : $3+1+1+2+2+2+2+2+3=18$
   통화성능 : $1+2+1+1+1+1+2+1+2=12$

8 다음은 15개 종목이 개최된 2018 자카르타-팔렘방 아시안게임 참가국 A ~ D의 메달 획득 결과를 나타낸 자료이다. 이에 대한 설명으로 옳은 것은?

국가 메달 / 종목	A 금	A 은	A 동	B 금	B 은	B 동	C 금	C 은	C 동	D 금	D 은	D 동
배드민턴	3	1	1					1				
복싱	3	1	2		1						1	1
사격	3	1	3				1	3	2			
사이클 트랙	3	1			1					1		1
요트					1					1	1	3
기계체조		1	1	4	2	1				1	2	1
소프트볼		1										
역도	1	3					2	1	2			
유도						1	2	1	1	1	1	
롤러스포츠		1		1							1	1
다이빙				1	1	1	1	4	2			
볼링				1				1		1		
레슬링				1			7	4	3			
수영				1	2	1	1			4	2	1
태권도	1					2				2		2

※ 빈칸은 0을 의미한다.

① 동일 종목에서, A국이 획득한 모든 메달 수와 B국이 획득한 모든 메달 수를 합하여 종목별로 비교하면, 15개 종목 중 기계체조가 가장 많다.

② A국이 획득한 금메달 수와 C국이 획득한 동메달 수는 같다.

③ A국이 복싱, 사이클 트랙, 소프트볼 종목에서 획득한 모든 메달 수의 합은 C국이 레슬링 종목에서 획득한 모든 메달 수보다 많다.

④ A ~ D국 중 메달을 획득한 종목의 수가 가장 많은 국가는 D국이다.

① 기계체조를 기준으로 하면 A, B국의 메달 수 합은 1+1+4+2+1=9로 다른 종목들에 비해 가장 많다.

② A국이 획득한 금메달 수 3+3+3+3+1+1=14
C국이 획득한 동메달 수 2+2+1+2+1+3=11

Answer 7.④ 8.①

③ A국이 복싱, 사이클 트랙, 소프트볼 종목에서 획득한 모든 메달 수의 합
　3+1+2+3+1+1=11
　C국이 레슬링 종목에서 획득한 모든 메달 수 7+4+3=14
④ A국 5+6+7+4+2+1+4+1+1=31
　B국 1+1+1+7+1+1+3+1+1+4+2=23
　C국 1+6+5+4+7+1+14+1=39
　D국 2+2+5+4+2+2+1+7+4=29

9 다음은 우리나라 흥행순위별 2018년 영화개봉작 정보와 월별 개봉편수 및 관객수에 대한 자료이다. 이에 대한 설명으로 옳지 않은 것은?

우리나라 흥행별 2018년 영화개봉작 정보

(단위 : 천 명)

흥행순위	영화명	개봉시기	제작	관객 수
1	신과 함께라면	8월	국내	12,100
2	탐정님	12	국내	8,540
3	베테랑인가	1월	국내	7,817
4	어벤져스팀	7월	국외	7,258
5	범죄시티	10월	국내	6,851
6	공작왕	7월	국내	6,592
7	마녀다	8월	국내	5,636
8	히스토리	1월	국내	5,316
9	미션 불가능	3월	국외	5,138
10	데드푸우	9월	국외	4,945
11	툼레이더스	10월	국외	4,854
12	공조자	11월	국내	4,018
13	택시운전수	12월	국내	4,013
14	1987년도	10월	국내	3,823
15	곰돌이	6월	국외	3,689
16	별들의 전쟁	4월	국외	3,653
17	서서히 퍼지는	4월	국외	3,637
18	빨간 스페로	7월	국외	3,325
19	독화살	9월	국내	3,279
20	통근자	5월	국외	3,050

※ 관객 수는 개봉일로부터 2018년 12월 31일까지 누적한 값이다.

우리나라의 2018년 월별 개봉편수 및 관객 수

(단위 : 편, 천 명)

구분 \ 제작월	국내		국외	
	개봉편수	관객 수	개봉편수	관객 수
1	35	12,682	105	10,570
2	39	8,900	96	6,282
3	31	4,369	116	9,486
4	29	4,285	80	6,929
5	31	6,470	131	12,210
6	49	4,910	124	10,194
7	50	6,863	96	14,495
8	49	21,382	110	8,504
9	48	5,987	123	6,733
10	35	12,964	91	8,622
11	56	6,427	104	6,729
12	43	18,666	95	5,215
전체	495	113,905	1,271	105,969

※ 관객 수는 당월 상영영화에 대해 월말 집계한 값이다.

① 흥행순위 1 ~ 20위 내의 영화 중 한 편의 영화도 개봉되지 않았던 달에는 국외제작
영화 관객 수가 국내제작영화 관객 수보다 적다.

② 10월에 개봉된 영화 중 흥행순위 1 ~ 20위 내에 든 영화는 국내제작영화일 뿐이다.

③ 국외제작영화 개봉편수는 국내제작영화 개봉편수보다 매달 많다.

④ 국외제작영화 관객 수가 가장 많았던 달에 개봉된 영화 중 흥행순위 1 ~ 20위 내에
든 국외제작영화 개봉작은 2편이다.

 ① 2월은 국내 8,900명, 국외 6,282명이다.
② 툼레이더스는 국외제작영화이다.
③ 월별 개봉편수를 보면 국외제작영화 개봉편수가 매달 많다.
④ 7월의 국외제작영화 개봉작은 어벤져스팀, 빨간 스페로 2편이다.

Answer↵→ 9.②

10 다음은 2015년과 2018년 한국, 중국, 일본의 재화 수출액 및 수입액을 정리한 표와 무역수지와 무역특화지수에 대한 용어정리이다. 이에 대한 〈보기〉의 내용 중 옳은 것만 고른 것은?

(단위 : 억 달러)

연도	국가 수출입액 재화	한국		중국		일본	
		수출액	수입액	수출액	수입액	수출액	수입액
2015년	원자재	578	832	741	1,122	905	1,707
	소비재	117	104	796	138	305	847
	자본재	1,028	668	955	991	3,583	1,243
2018년	원자재	2,015	3,232	5,954	9,172	2,089	4,760
	소비재	138	375	4,083	2,119	521	1,362
	자본재	3,444	1,549	12,054	8,209	4,541	2,209

[용어정리]

• 무역수지＝수출액－수입액

－무역수지 값이 양(+)이면 흑자, 음(−)이면 적자이다.

• 무역특화지수＝$\dfrac{수출액 － 수입액}{수출액 ＋ 수입액}$

－무역특화지수의 값이 클수록 수출경쟁력이 높다.

〈보기〉

㉠ 2018년 한국, 중국, 일본 각각에서 원자재 무역수지는 적자이다.

㉡ 2018년 한국의 원자재, 소비재, 자본재 수출액은 2015년 비해 각각 50% 이상 증가하였다.

㉢ 2018년 자본재 수출경쟁력은 일본이 한국보다 높다.

① ㉠

② ㉡

③ ㉠㉡

④ ㉠㉢

㉠ 한국 $2,015 － 3,232 ＝ －1,217$, 중국 $5,954 － 9,172 ＝ －3,218$, 일본 $2,089 － 4,760 ＝ －2,671$ 모두 적자이다.

㉡ 소비재는 50% 이상 증가하지 않았다.

	원자재	소비재	자본재
2018	2,015	138	3,444
2015	578	117	1,028

㉢ 자본재 수출경쟁력을 구하면 한국이 일본보다 높다.

한국＝$\dfrac{3,444 － 1,549}{3,444 ＋ 1,549} ＝ 0.38$ 일본＝$\dfrac{12,054 － 8,209}{12,054 ＋ 8,209} ＝ 0.19$

|11~12 | 다음은 어느 대학교 졸업생들의 진출현황을 조사한 자료이다. 물음에 답하시오.

순위	직업종류	인원수(명)	비율(%)
1	대학교수	6,259	14.40
2	의료 / 보건	5,146	11.78
3	법조	3,441	7.87
4	공무원	2,261	5.17
5	중고등학교 교사	ⓐ	5.01
6	대학원진학	1,743	3.99
7	기업연구소	1,627	3.72
8	제조업	1,593	3.65
9	신문 / 방송	1,420	ⓑ
10	엔지니어링 / 설계	1,279	2.93

11 ⓐ에 들어갈 수로 올바른 것은?

① 2,178   ② 2,200

③ 2,220   ④ 2,240

$14.4 : 6,259 = 5.01 : x$
$14.4x = 31,357.59$
$\therefore x = 2,178$

12 ⓑ에 들어갈 수로 알맞은 것은?

① 3.27   ② 3.30

③ 3.37   ④ 3.40

$6,259 : 14.4 = 1,420 : x$
$6,259x = 20,448$
$\therefore x = 3.27$

Answer 10.① 11.① 12.①

|13~15| 다음 표는 비정규직근로자에 대한 실태조사 결과 중 일부이다. 물음에 답하시오.

[표] 비정규직 고용 추이

(단위 : 천 명, %)

구분	2012	2013	2014	2015	2016	2017
임금근로자	13,540	14,030	14,149	14,584	14,968	15,351
비정규직	3,635	3,839	4,606	5,394	5,483	5,457
비정규직 비율(%)	26.8	27.4	32.6	37.0	36.6	35.5

13 2017년 정규직근로자는 전년대비 몇 명 증가하였나?

① 406천 명
② 408천 명
③ 412천 명
④ 409천 명

 ㉠ 2017년 정규직근로자 : 2017년 임금근로자－2017년 비정규직근로자
15,351－5,457＝9,894천 명
㉡ 2016년 정규직근로자 : 2016년 임금근로자－2016년 비정규직근로자
14,968－5,483＝9,485천 명
∴ 9,894－9,485로 409천 명 증가하였다.

14 2017년 비정규직근로자의 임금근로자 대비 비율은 몇 %p 하락하였나?

① 1.1%p
② 2.1%p
③ 10.1%p
④ 11.1%p

 36.6에서 35.5로 1.1%p 하락하였다.

15 비정규직근로자가 전년대비 가장 많은 수가 증가한 해는?

① 2013
② 2014
③ 2015
④ 2016

 2015년에는 2014년보다 비정규직근로자가 788명 증가하여 가장 많은 수가 증가하였다.

16 다음 자료는 2006~2010년 K국의 가구당 월평균 교육비 지출액에 대한 자료이다. 이에 대한 설명으로 옳은 것은?

(단위 : 원)

유형	연도	2006	2007	2008	2009	2010
정규교육비	초등교육비	14,730	13,255	16,256	17,483	17,592
	중등교육비	16,399	20,187	22,809	22,880	22,627
	고등교육비	47,841	52,060	52,003	61,430	66,519
	소계	78,970	85,502	91,068	101,793	106,738
학원교육비	학생교육비	128,371	137,043	160,344	167,517	166,959
	성인교육비	7,798	9,086	9,750	9,669	9,531
	소계	136,169	146,129	170,094	177,186	176,490
기타 교육비		7,203	9,031	9,960	10,839	13,574
전체 교육비		222,342	240,662	271,122	289,818	296,802

① 정규교육비와 학원교육비 모두 매년 증가하고 있다.

② 정규교육비에서 고등교육비가 차지하는 비중은 매년 60% 이상이다.

③ 전체 교육비에서 정규교육비가 차지하는 비중은 매년 35% 이상이다.

④ 2010년 학원교육비는 2006년 대비 약 30% 증가하였다.

 ① 학원교육비는 2010년에 전년대비 감소하였다.

② 2008년에는 $\frac{52,003}{91,068} \times 100 = 57.1\%$ 이다.

③ 2008년에는 $\frac{91,068}{271,122} \times 100 = 33.59\%$ 이다.

17 다음은 어느 나라의 성별 흡연율과 금연계획률에 관한 자료이다. 이에 대한 설명으로 옳은 것은?

〈표1〉 성별 흡연율

(단위 : %)

성별＼연도	2007	2008	2009	2010	2011	2012	2013
남성	45.0	47.7	46.9	48.3	47.3	43.7	42.1
여성	5.3	7.4	7.1	6.3	6.8	7.9	6.1
전체	20.6	23.5	23.7	24.6	25.2	24.9	24.1

〈표2〉 금연계획률

(단위 : %)

구분＼연도	2007	2008	2009	2010	2011	2012	2013
금연계획률	59.8	( )	57.4	53.5	(㉠)	55.2	56.5
단기 금연계획률	19.4	17.7	18.2	20.8	20.2	19.6	19.3
장기 금연계획률	40.4	39.2	( )	32.7	36.1	35.6	37.2

※ 흡연율(%) = $\dfrac{흡연자 수}{인구 수} \times 100$

※ 금연계획률(%) = $\dfrac{금연계획자 수}{흡연자 수} \times 100$ = 단기 금연계획률 + 장기 금연계획률

① 매년 전체 흡연율은 증가하고 있다.

② 매년 남성 흡연율은 여성 흡연율의 7배 이상이다.

③ 금연계획률은 매년 50% 이상이다.

④ ㉠에 들어갈 수치는 55.3이다.

(Tip) ① 2012년과 2013년의 흡연율은 전년에 비해 감소하였다.
② 2007년, 2010년, 2011년만 7배 이상이다.
④ ㉠에 들어갈 수치는 56.3이다.

18~19 다음은 원양어업 주요 어종별 생산량에 관한 자료이다. 이를 보고 물음에 답하시오.

(단위 : 톤, 백만 원)

구분		2010년	2011년	2012년	2013년	2014년
가다랑어	생산량	216,720	173,334	211,891	200,866	229,588
	생산금액	321,838	334,770	563,027	427,513	329,163
황다랑어	생산량	67,138	45,736	60,436	44,013	63,971
	생산금액	201,596	168,034	170,733	133,170	163,068
명태	생산량	46,794	48,793	39,025	24,341	31,624
	생산금액	64,359	67,307	45,972	36,662	49,479
새꼬리 민태	생산량	10,852	12,447	10,100	8,261	8,681
	생산금액	19,030	25,922	21,540	14,960	18,209
민대구	생산량	4,139	4,763	4,007	3,819	3,162
	생산금액	10,072	13,136	11,090	10,912	8,689

※ 생산금액＝생산량×톤당 생산가격

18 위의 표에 대한 설명으로 옳지 않은 것은?

① 5개의 어종 가운데 매년 생산량이 가장 많은 어종은 가다랑어이다.

② 2012년 민대구의 생산량이 전년대비 감소한 이후로 2014년까지 계속 감소하고 있다.

③ 가다랑어와 황다랑어는 생산량의 전년대비 증감방향이 일치한다.

④ 2011년 새꼬리 민태 생산량의 전년대비 증가율은 10% 이하이다.

 ④ 2011년 새꼬리 민태 생산량의 전년대비 증가율 : $\dfrac{12,447-10,852}{10,852} \times 100 = 14.7\%$

따라서 10%를 초과한다.

19 가다랑어를 제외한 나머지 어종 중에서 2014년 톤당 생산가격이 가장 높은 어종은 무엇인가?

① 황다랑어　　　　　　　　　　② 명태
③ 새꼬리 민태　　　　　　　　　④ 민대구

 톤당 생산가격 $= \dfrac{\text{생산금액}}{\text{생산량}}$ 으로 구한다(단위는 생략).

① 황다랑어 : $\dfrac{163,068}{63,971} = 2.55$

② 명태 : $\dfrac{49,479}{31,624} = 1.56$

③ 새꼬리 민태 : $\dfrac{18,209}{8,681} = 2.10$

④ 민대구 : $\dfrac{8,689}{3,162} = 2.75$

20 다음은 가구의 구성원 수에 따른 최저 생계비를 산출하여 연도별로 정리한 자료이다. 다음 보기 중 올바르게 해석한 것을 모두 고르면?

(단위 : 천 원/월)

구분	2009	2010	2011	2012	2013	2014	2015
1인 가구	491	504	532	553	572	603	617
2인 가구	836	858	906	942	974	1,027	1,051
3인 가구	1,081	1,110	1,173	1,218	1,260	1,329	1,360
4인 가구	1,327	1,363	1,439	1,495	1,546	1,630	1,668
5인 가구	1,572	1,615	1,705	1,772	1,832	1,932	1,977
6인 가구	1,817	1,867	1,971	2,048	2,118	2,234	2,286

〈보기〉
㉠ 최저 생계비는 가구원의 수와 무관하게 계속 증가하고 있다.
㉡ 가구 구성원의 수가 증가하면 최저 생계비 또한 증가한다.
㉢ 4인 가구의 최저 생계비는 2인 가구의 2배이다.

① ㉠　　　　　　　　　　　　　② ㉡
③ ㉡㉢　　　　　　　　　　　　④ ㉠㉡

 ㉢ 4인 가구의 최저 생계비는 2인 가구의 2배가 되지 않는다.

| 21~22 | 다음은 공무원 단체 가입 현황에 관한 통계자료이다. 물음에 답하시오.

(단위 : 명, %)

구분		2005	2006	2007	2008	2009	2010
전체	가입대상	264,410	275,827	282,100	288,895	300,235	289,057
	가입자	172,190	187,647	135,885	219,587	228,934	185,998
	가입률	65.1	68.0	48.2	76.0	76.3	64.3
중앙부처	가입대상	49,417	46,689	41,284	43,560	56,737	56,651
	가입자	18,511	21,842	33,911	35,488	37,479	31,792
	가입률	37.5	46.8	82.1	81.5	66.0	56.1
지방자치단체 (광역)	가입대상	28,284	30,109	47,476	34,593	34.053	35,778
	가입자	22,696	24,296	23,253	26,701	27,554	26,106
	가입률	80.2	80.7	48.9	77.2	79.2	73.0
지방자치단체 (기초)	가입대상	150,460	158,887	157,203	150,051	147,980	147,221
	가입자	124,382	131,271	49,773	123,319	118,744	102,670
	가입률	82.7	82.6	31.6	82.2	80.2	69.7
교육청	가입대상	36,249	40,142	36,137	51,298	49,859	49,407
	가입자	6,601	10,238	28,948	34,079	35,382	25,430
	가입률	18.2	25.5	80.1	66.4	72.2	51.5

21 다음 설명 중 틀린 해석은?

① 2010년 전체 가입자는 2005년에 비해 증가하였다.

② 중앙부처의 가입률이 교육청의 가입률보다 매년 더 높다.

③ 2010년 현재 비가입자 수보다 가입자 수가 더 많다고 할 수 있다.

④ 2007년도가 가입대상자 대비 가입자의 비율이 가장 작았던 해다.

 ② 2009년에는 중앙부처의 가입률이 교육청의 가입률보다 더 낮다.

22 2008년 교육청 비가입자 수는?

① 17,236명   ② 17,450명

③ 18,050명   ④ 18,670명

> (Tip) 비가입률 : $100 - 66.4 = 33.6(\%)$
>
> $51,298 \times \dfrac{33.6}{100} = 17,236(명)$

23 다음은 우리나라의 시·군 중 올해 경지 면적, 논 면적, 밭 면적 상위 5개 시·군에 관한 표이다. 이에 대한 설명으로 옳지 않은 것은?

(단위 : ha)

구분	순위	시·군	면적
경지 면적	1	해남군	35,369
	2	제주시	31,585
	3	서귀포시	31,271
	4	김제시	28,501
	5	서산시	27,285
논 면적	1	김제시	23,415
	2	해남군	23,042
	3	서산시	21,730
	4	당진시	21,726
	5	익산시	19,067
밭 면적	1	제주시	31,577
	2	서귀포시	31,246
	3	안동시	13,231
	4	해남군	12,327
	5	상주시	11,047

※ 경지면적 = 논 면적+밭 면적
※ 순위는 면적이 큰 시·군부터 순서대로 부여함

① 해남군의 경지 면적은 상주시의 밭 면적의 3배 이상이다.

② 김제시는 해남군보다 밭 면적은 작지만 논 면적은 크다.

③ 해남군은 세 부분에서 모두 5위 안에 들었다.

④ 제주시 논 면적은 서귀포시 논 면적보다 크다.

제주시 논 면적 : 31,585 − 31,577 = 8
서귀포시 논 면적 : 31,271 − 31,246 = 25
따라서 제주시 논 면적은 서귀포시 논 면적보다 작다.

24 다음은 연도별 결혼이민자와 혼인귀화자 현황에 대한 자료이다. 이에 대한 설명으로 옳은 것을 모두 고르면?

(단위 : 명)

연도	결혼이민자	혼인귀화자
2005	75,011	7,075
2006	93,786	10,419
2007	110,362	14,609
2008	122,552	22,525
2009	125,087	39,666
2010	141,654	49,938
2011	144,681	60,671
2012	148,498	68,404
2013	150,865	77,425
2014	150,994	85,507

〈보기〉
㉠ 결혼이민자와 혼인귀화자의 수는 매년 증가하고 있다.
㉡ 2006~2014년 동안 결혼이민자가 전년대비 가장 많이 증가한 해에 혼인귀화자도 전년대비 가장 많이 증가하였다.
㉢ 2006~2014년 동안 혼인귀화자의 전년대비 증가율이 가장 높은 해는 2009년이다.
㉣ 2014년 혼인귀화자의 전년대비 증가율은 약 10%이다.

① ㉠
② ㉠㉡
③ ㉡㉣
④ ㉠㉢㉣

 ㉡ 결혼이민자가 전년대비 가장 많이 증가한 해는 2006년이지만 혼인귀화자가 전년대비 가장 많이 증가한 해는 2009년이다.

25 다음은 A~E기업의 재무 자료이다. 다음 자료에서 재고자산 회전율이 가장 높은 기업과 매출채권 회전율이 가장 높은 기업을 바르게 짝지은 것은?

(단위 : 억 원)

기업	매출액	재고자산	매출채권	매입채무
A	1,000	50	30	20
B	2,000	40	80	50
C	1,500	80	30	50
D	2,500	60	90	25
E	3,000	80	30	20

※ 재고자산 회전율(회) $= \dfrac{\text{매출액}}{\text{재고자산}}$

※ 매출채권 회전율(회) $= \dfrac{\text{매출액}}{\text{매출채권}}$

① A, B　　　　　　　　　② C, D

③ B, E　　　　　　　　　④ E, A

	재고자산 회전율(회)	매출채권 회전율(회)
A	$\dfrac{1,000}{50} = 20$	$\dfrac{1,000}{30} = 33.34$
B	$\dfrac{2,000}{40} = 50$	$\dfrac{2,000}{80} = 25$
C	$\dfrac{1,500}{80} = 18.75$	$\dfrac{1,500}{30} = 50$
D	$\dfrac{2,500}{60} = 41.67$	$\dfrac{2,500}{90} = 27.78$
E	$\dfrac{3,000}{80} = 37.5$	$\dfrac{3,000}{30} = 100$

26 다음 2002~2009년 동안의 가정폭력의 처분결과에 관한 자료이다. 이에 대한 설명으로 옳지 않은 것은?

(단위 : 명)

연도	총 접수 인원	기소				소년 보호 송치	가정 보호 송치	불기소	기소 중지	참고인 중지
		소계	구공판		구약식					
			구속	불구속						
2002	10,615	4,335	467	311	3,557	97	1,290	4,893	108	43
2003	4,781	913	202	83	621	22	1,016	2,830	31	2
2004	12,232	4,367	236	235	3,896	45	1,286	4,131	351	49
2005	6,079	1,166	114	88	964	14	947	3,859	82	11
2006	3,932	600	39	60	501	6	657	2,635	28	6
2007	3,174	443	69	374	374	7	611	2,102	9	2
2008	19,249	2,885	245	423	2,217	62	3,100	13,047	148	6
2009	19,191	2,697	217	418	2,062	55	3,055	13,257	117	10

※ 가정폭력행위자 기소율(%) = $\dfrac{\text{가정폭력행위로 기소된 사람수}}{\text{총 접수인원}} \times 100$

※ 가정폭력행위자 불기소율(%) = $\dfrac{\text{가정폭력행위로 불기소된 사람수}}{\text{총 접수인원}} \times 100$

① 2009년 가정폭력행위자 기소율은 2002년 기소율보다 26%p 정도 감소하였다.

② 2003년 가정폭력행위자 불기소율은 전년대비 감소하였다.

③ 2003년 기소인원의 전년대비 감소율은 약 79%이다.

④ 2008년 가정폭력 총 접수인원과 불기소 인원은 전년 인원의 6배 이상이다.

 ② 2002년 가정폭력행위자 불기소율은 46.1%이고, 2003년 가정폭력행위자 불기소율은 59.2%이므로 불기소율은 전년대비 증가하였다.

| 27~28 | 다음은 우리나라 농수산식품의 수출입 동향을 나타낸 자료이다. 물음에 답하시오.

(단위 : 백만 달러)

		2010년	2011년	2012년	2013년	2014년
수출	소계	4,070	4,846	5,261	5,112	5,099
	농산물	3,595	4,328	4,713	4,532	4,498
	축산물	160	182	203	213	210
	임산물	315	336	345	367	391
수입	소계	23,289	30,190	40,323	42,555	43,532
	농산물	14,026	17,758	23,694	25,847	28,189
	축산물	3,295	5,648	8,691	7,851	6,328
	임산물	5,968	6,784	7,938	8,857	9,015
무역수지		−19,219	−25,344	−35,062	−37,443	−41,433

27 위의 표에 대한 설명으로 옳은 것은?

① 최근 5년 동안 무역수지 적자는 약 3.15배 증가하였다.

② 2014년 농산물의 수입액은 같은 해 농산물의 수출액의 약 7.06배에 달한다.

③ 최근 5년 동안의 농수산식품 총 수출액의 합은 2010년 농수산식품 총 수입액보다 작다.

④ 농수산식품 수출에 있어서 농산물의 수출이 2012년 이후부터 감소하고 있는 만큼 이에 대한 대책 마련이 시급하다.

① 41,433 ÷ 19,219 ≒ 2.15⋯
② 2014년 농산물의 수입액 : 28,189
　　2014년 농산물의 수출액 : 4,498
　　28,189 ÷ 4,498 ≒ 6.26⋯
③ 최근 5년 동안의 농수산식품 총 수출액의 합 : 24,388
　　2010년 농수산식품 총 수입액 : 23,289

28 다음 중 농수산식품의 총 수입액 중 농산물의 비율이 다른 해에 비해 가장 높았던 해는 언제
인가?

① 2011년   ② 2012년

③ 2013년   ④ 2014년

 최근 5년 동안의 농수산식품 총 수입액 중 농산물의 비율
- ㉠ 2010년 : 약 60.2%
- ㉡ 2011년 : 약 58.8%
- ㉢ 2012년 : 약 58.8%
- ㉣ 2013년 : 약 60.7%
- ㉤ 2014년 : 약 64.7%

Answer ↦ 27.④ 28.④

29 다음 표는 2019년 3 ~ 4월 甲씨의 휴대폰 모바일 앱별 데이터 사용량에 대한 자료이다. 이에 대한 설명으로 옳은 것은?

월 앱 이름	3월	4월
G인터넷	5.3 GB	6.7 GB
HS쇼핑	1.8 GB	2.1 GB
톡톡	2.4 GB	1.5 GB
앱가게	2.0 GB	1.3 GB
뮤직플레이	94.6 MB	570.0 MB
위튜브	836.0 MB	427.0 MB
쉬운지도	321.0 MB	337.9 MB
JJ맴버십	45.2 MB	240.0 MB
영화예매	77.9 MB	53.1 MB
날씨정보	42.8 MB	45.3 MB
가계부	–	27.7 MB
17분운동	–	14.8 MB
NEC뱅크	254.0 MB	9.7 MB
알람	10.6 MB	9.1 MB
지상철	5.0 MB	7.8 MB
어제뉴스	2.7 MB	1.8 MB
S메일	29.7 MB	0.8 MB
JC카드	–	0.7 MB
카메라	0.5 MB	0.3 MB
일정관리	0.3 MB	0.2 MB

※ '–'는 해당 월에 데이터 사용량이 없음을 의미한다.

※ 제시된 20개의 앱 외 다른 앱의 데이터 사용량은 없다.

※ 1 GB(기가바이트)는 1,024 MB(메가바이트)에 해당한다.

① 3월과 4월에 모두 데이터 사용량이 있는 앱 중 3월 대비 4월 데이터 사용량의 증가량이 가장 큰 앱은 '뮤직플레이'이다.

② 'G인터넷'과 'HS쇼핑'의 3월 데이터 사용량의 합은 나머지 앱의 3월 데이터 사용량의 합보다 많다.

③ 4월에만 데이터 사용량이 있는 모든 앱의 총 데이터 사용량은 '날씨정보'의 4월 데이터 사용량보다 많다.

④ 3월과 4월에 모두 데이터 사용량이 있는 앱 중 3월 대비 4월 데이터 사용량이 감소한 앱은 9개이고 증가한 앱은 8개이다.

② 'G인터넷'과 'HS쇼핑'의 3월 데이터 사용량의 합(7.1 GB)은 나머지 앱의 3월 데이터 사용량의 합(약 6.1 GB)보다 많다.
① 증가량이 가장 큰 앱은 G인터넷이다.
③ 27.7 + 14.8 + 0.7 < 45.3
④ 사용량 증가는 7개, 사용량 감소는 10개이다.

Answer ↪ 29.②

| 30~31 | 다음은 인천공항, 김포공항, 양양공항, 김해공항, 제주공항을 이용한 승객을 연령별로 분류해 놓은 표이다. 물음에 답하시오.

구분	10대	20대	30대	40대	50대	총 인원수
인천공항	13%	36%	20%	15%	16%	5,000명
김포공항	8%	21%	33%	24%	14%	3,000명
양양공항	·	17%	37%	39%	7%	1,500명
김해공항	·	11%	42%	30%	17%	1,000명
제주공항	18%	23%	15%	28%	16%	4,500명

30 인천공항의 이용승객 중 20대 승객은 모두 몇 명인가?

① 1,600명
② 1,700명
③ 1,800명
④ 1,900명

 $5,000 \times 0.36 = 1,800$명

31 김포공항 이용승객 중 30대 이상 승객은 김해공항 30대 이상 승객의 약 몇 배인가? (소수점 둘째 자리에서 반올림 하시오.)

① 2.3배
② 2.4배
③ 2.5배
④ 2.6배

Tip ㉠ 김포공항의 30대 이상 승객 : $33\% + 24\% + 14\% = 71\%$이므로 $3,000 \times 0.71 = 2,130$명
ㄴ 김해공항의 30대 이상 승객 : $42\% + 30\% + 17\% = 89\%$이므로 $1,000 \times 0.89 = 890$명
∴ $2,130 \div 890 ≒ 2.4$배

| 32~33 | 다음은 방화, 뺑소니 발생현황에 대한 표이다. 물음에 답하시오.

구분	2008년	2009년	2010년	2011년	2012년	2013년	2014년
방화	6,580	6,627	6,978	7,359	7,855	7,751	7,119
뺑소니	2,446	2,440	2,868	3,206	2,920	3,750	4,325
계	9,026	9,067	9,846	10,565	10,775	11,501	11,444

32 방화 및 뺑소니의 발생빈도의 합이 10,000건 이상인 해의 발생 건수를 모두 더하면?

① 44,255   ② 44,265

③ 44,275   ④ 44,285

 방화와 뺑소니의 발생빈도 합계가 10,000건 이상인 해는 2011년, 2012년, 2013년, 2014년 이다.
10,565 + 10,775 + 11,501 + 11,444 = 44,285

33 위의 표를 통해 알 수 있는 내용은?

① 방화범죄는 2012년에 정점을 찍은 후 조금씩 감소하고 있다.

② 뺑소니범죄는 2009년부터 매년 꾸준히 증가하고 있다.

③ 뺑소니범의 대부분은 10대 청소년들이다.

④ 방화범들은 주로 새벽시간대를 노린다.

 ② 뺑소니범죄는 2012년에 한 번 감소했다.
③ 뺑소니범의 연령대는 알 수 없다.
④ 방화범죄가 일어나는 시간대는 알 수 없다.

Answer ↪ 30.③ 31.② 32.④ 33.①

|34~35| 다음은 어느 기업의 해외 수출 상담실적에 관한 자료이다. 물음에 답하시오.

구분	2012년	2013년	2014년
아르헨티나	361	429	418
말레이시아	480	412	396
베트남	387	435	492
러시아	529	631	658
노르웨이	230	224	253
캐나다	385	498	754
브라질	936	458	785

34 이 회사의 대 캐나다 수출 상담실적의 2014년 증감률은? (단, 소수점 둘째자리에서 반올림하시오.)

① 43.2% ② 47.1%

③ 51.4% ④ 56.9%

 증감률 구하는 공식은 $\dfrac{\text{올해 매출} - \text{전년도 매출}}{\text{전년도 매출}} \times 100$이다.

따라서 $\dfrac{754 - 498}{498} \times 100 ≒ 51.4(\%)$

35 2013년 이 회사의 남미 국가 수출 상담실적은 동남아 국가의 몇 배인가? (단, 소수점 셋째 자리에서 반올림하시오.)

① 1.05배 ② 1.09배

③ 1.12배 ④ 1.23배

 2013년 남미 국가 수출 상담실적은 429(아르헨티나) + 458(브라질) = 887이고, 동남아 국가 수출 상담실적은 412(말레이시아) + 435(베트남) = 847이므로 $\dfrac{887}{847} ≒ 1.05$배이다.

|36~37| 다음은 2009년부터 2013년까지 5년 동안 A, B, C사의 매출액을 나타낸 것이다. 표를 보고 물음에 답하시오.

(단위 : 백만 원)

	2009년	2010년	2011년	2012년	2013년
A사	58,365,216	62,682,974	65,914,653	72,584,689	79,519,753
B사	49,682,581	61,585,268	72,914,358	79,358,621	84,695,127
C사	69,548,587	65,845,239	63,254,169	59,473,982	55,691,472

36 2009년부터 2013년까지 A사의 매출액은 얼마만큼 증가하였나?

① 21,154,517백만 원
② 21,154,527백만 원
③ 21,154,537백만 원
④ 21,154,547백만 원

 79,519,753 − 58,365,216 = 21,154,537

37 B사의 2013년 매출액은 2009년 매출액의 몇 배인가? (소수 둘째 자리까지 구하시오.)

① 1.53
② 1.69
③ 1.70
④ 1.84

 84,695,127 ÷ 49,682,581 ≒ 1.70···

Answer↱ 34.③ 35.① 36.③ 37.③

|38~39| 다음은 지역별 재건축 및 대체에너지 설비투자 현황에 관한 자료이다. 물음에 답하시오.

(단위 : 건, 억 원, %)

지역	재건축 건수	건축공사비(A)	대체에너지 설비투자액				대체에너지 설비투자 비율
			태양열	태양광	지열	합(B)	
강남	28	15,230	32	150	385	567	( )
강북	24	11,549	29	136	403	568	( )
분당	26	13,697	33	264	315	612	4.46
강서	31	10,584	26	198	296	520	( )
강동	22	8,361	13	210	338	561	6.70

※ 대체에너지 설비투자 비율 = (B/A) × 100

38 위의 표에 대한 설명으로 옳지 않은 것은?

① 재건축 건수 1건당 건축공사비가 가장 적은 곳은 강서이다.

② 강남~강동 지역의 대체에너지 설비투자 비율은 각각 4% 이상이다.

③ 강동 지역에서 지열 설비투자액이 280억 원으로 줄어들어도 대체에너지 설비투자 비율은 6% 이상이다.

④ 5개의 지역 중 태양열 설비투자액이 두 번째로 높은 지역은 대체에너지 설비투자 비율이 가장 낮다.

 강남 지역의 대체에너지 설비투자 비율은 3.72%이다.

$$\frac{567}{15,230} \times 100 ≒ 3.72(\%)$$

39 강서 지역의 지열 설비투자액이 250억 원으로 줄어들 경우 대체에너지 설비투자 비율의 변화는?

① 약 0.35%p 감소   ② 약 0.39%p 감소

③ 약 0.40%p 감소   ④ 약 0.43%p 감소

 강서 지역의 지열 설비투자액이 250억 원으로 줄어들 경우 대체에너지 설비투자액의 합(B)은 474억 원이 된다. 이때의 대체에너지 설비투자 비율은 $\frac{474}{10,584} \times 100 ≒ 4.48$이므로 원래의 대체에너지 설비투자 비율인 4.91에 비해 약 0.43%p 감소한 것으로 볼 수 있다.

┃40~42┃ 다음은 호텔 4곳을 경영하는 다이스에서 2015년 VIP 회원의 직업별 구성 비율을 각 지점별로 조사한 자료이다. 물음에 답하시오. (단, 가장 오른쪽은 각 지점의 회원 수가 전 지점의 회원 총수에서 차지하는 비율이다.)

구분	공무원	기업인	자영업	외국인	각 지점/전 지점
A	30%	20%	10%	40%	20%
B	10%	40%	20%	30%	30%
C	10%	30%	20%	40%	40%
D	10%	40%	30%	20%	10%
전 지점	( )	32%	( )	35%	100%

40 다이스 각 지점에서 자영업자의 수는 회원 총수의 몇 %인가?

① 16% ② 17%

③ 18% ④ 19%

 A : 0.2 × 0.1 = 0.02 = 2(%)
B : 0.3 × 0.2 = 0.06 = 6(%)
C : 0.4 × 0.2 = 0.08 = 8(%)
D : 0.1 × 0.3 = 0.03 = 3(%)
∴ A + B + C + D = 19(%)

41 C지점의 회원 수를 3년 전과 비교했을 때 외국인의 수는 2배 증가했고 자영업자와 공무원의 수는 절반으로 감소했으며 그 외는 변동이 없었다. 그렇다면 3년 전 기업인의 비율은? (단, C지점의 2015년 VIP회원의 수는 200명이다.)

① 약 25.34% ② 약 27.27%

③ 약 29.16% ④ 약 31.08%

 2015년 C지점의 회원 수는 공무원 20명, 기업인 60명, 자영업자 40명, 외국인 80명이다.
따라서 2012년의 회원 수는 공무원 40명, 기업인 60명, 자영업자 80명, 외국인 40명이 된다.
이 중 기업인의 비율은 $\frac{60}{220} \times 100 ≒ 27.27\%$가 된다.

Answer → 38.② 39.④ 40.④ 41.②

42 D지점의 외국인 수가 400명일 때 A지점의 외국인 회원 수는?

① 1,300명   ② 1,400명

③ 1,500명   ④ 1,600명

 D지점의 외국인이 차지하는 비율 : $0.1 \times 0.2 = 0.02 = 2(\%)$
A지점의 외국인이 차지하는 비율 : $0.2 \times 0.4 = 0.08 = 8(\%)$
D지점의 외국인 수가 400명이므로 $2 : 8 = 400 : x$
$\therefore x = 1,600$(명)

┃43~44┃ 다음 자료는 최근 3년간의 행정구역별 출생자 수를 나타낸 표이다. 물음에 답하시오.

(단위 : 명)

	2012년	2013년	2014년
서울특별시	513	648	673
부산광역시	436	486	517
대구광역시	215	254	261
울산광역시	468	502	536
인천광역시	362	430	477
대전광역시	196	231	258
광주광역시	250	236	219
제주특별자치시	359	357	361
세종특별자치시	269	308	330

43 다음 보기 중 2012년부터 2014년까지 출생자가 가장 많이 증가한 행정구역은?

① 부산   ② 울산

③ 대전   ④ 세종

 ① 부산 : $517 - 436 = 81$
② 울산 : $536 - 468 = 68$
③ 대전 : $258 - 196 = 62$
④ 세종 : $330 - 269 = 61$

44 위의 표를 보고 해석한 것으로 알맞은 것은?

① 2014년 대구광역시 출생자수와 제주지역의 출생자 수의 합은 광주광역시의 2014년 출생자 수보다 약 2.53배 더 크다.

② 서울특별시와 제주특별자치시의 2013년 출생자의 합은 2012년 같은 지역의 출생자의 합보다 135명 더 많다.

③ 2014년 대전광역시 출생자 수와 광주광역시 출생자 수의 합은 2014년 인천광역시 출생자 수와 같다.

④ 2013년 부산광역시 출생자 수는 2013년 대전광역시 출생자 수의 2배보다 작다.

① 261 + 361 = 622
622 ÷ 219 ≒ 2.84
② 2013년 서울특별시와 제주특별자치시의 출생자 합 : 1,005명
2012년 서울특별시와 제주특별자치시의 출생자 합 : 872명
따라서 133명이 더 많다.
③ 258 + 219 = 477
④ 231 × 2 = 462이므로 2배보다 많다.

Answer 42.④ 43.① 44.③

| 45~46 | 다음은 철수의 3월 생활비 40만 원의 항목별 비율을 나타낸 자료이다. 물음에 답하시오.

구분	학원비	식비	교통비	기타
비율(%)	35	15	35	15

45 식비 및 교통비의 지출 비율이 아래 표와 같을 때 다음 설명 중 가장 적절한 것은 무엇인가?

〈표1〉 식비 지출 비율

항목	채소	과일	육류	어류	기타
비율(%)	30	20	25	15	10

〈표2〉 교통비 지출 비율

교통수단	버스	지하철	자가용	택시	기타
비율(%)	50	25	15	5	5

① 식비에서 채소 구입에 사용한 금액은 교통비에서 자가용 이용에 사용한 금액보다 크다.

② 교통비에서 지하철을 타는데 지출한 비용은 식비에서 육류를 구입하는데 지출한 비용의 약 2.3배에 달한다.

③ 철수의 3월 생활비 중 교통비에 지출된 금액은 총 12만 5천 원이다.

④ 교통비에서 자가용을 타는데 지출한 금액은 식비에서 과일과 어류를 구입하는데 지출한 비용보다 크다.

(Tip) 각각의 금액을 구해보면 다음과 같다.

철수의 3월 생활비 40만 원의 항목별 비율과 금액

구분	학원비	식비	교통비	기타
비율(%)	35	15	35	15
금액(만 원)	14	6	14	6

〈표1〉 식비 지출 비율과 금액

항목	채소	과일	육류	어류	기타
비율(%)	30	20	25	15	10
금액(만 원)	1.8	1.2	1.5	0.9	0.6

〈표2〉 교통비 지출 비율과 금액

교통수단	버스	지하철	자가용	택시	기타
비율(%)	50	25	15	5	5
금액(만 원)	7	3.5	2.1	0.7	0.7

① 식비에서 채소 구입에 사용한 금액 : 1만 8천 원
  교통비에서 자가용 이용에 사용한 금액 : 2만 1천 원
② 교통비에서 지하철을 타는데 지출한 비용 : 3만 5천 원
  식비에서 육류를 구입하는데 지출한 비용 : 1만 5천 원
③ 철수의 3월 생활비 중 교통비 : 14만 원
④ 교통비에서 자가용을 타는데 지출한 금액 : 2만 1천 원
  식비에서 과일과 어류를 구입하는데 지출한 비용 : 1만 2천 원 + 9천 원

46 철수의 2월 생활비가 35만 원이었고 각 항목별 생활비의 비율이 3월과 같았다면 3월에 지출한 교통비는 2월에 비해 얼마나 증가하였는가?

① 17,500원   ② 19,000원

③ 20,500원   ④ 22,000원

 2월 생활비 35만원의 항목별 금액은 다음과 같다.

구분	학원비	식비	교통비	기타
비율(%)	35	15	35	15
금액(만 원)	12.25	5.25	12.25	5.25

따라서 3월에 교통비가 14만 원이므로 2월에 비해 17,500원 증가하였다.

|47~48 | 다음은 주식시장에서 외국인의 최근 한 달간의 주요 매매 정보 자료이다. 물음에 답하시오.

순매수			순매도		
종목명	수량(백주)	금액(백만 원)	종목명	수량(백주)	금액(백만 원)
A 그룹	5,620	695,790	가 그룹	84,930	598,360
B 그룹	138,340	1,325,000	나 그룹	2,150	754,180
C 그룹	13,570	284,350	다 그룹	96,750	162,580
D 그룹	24,850	965,780	라 그룹	96,690	753,540
E 그룹	70,320	110,210	마 그룹	12,360	296,320

47 다음 설명 중 옳은 것은?

① 외국인은 가 그룹의 주식 8,493,000주를 팔아치우고 D그룹의 주식 1,357,000주를 사들였다.

② C 그룹과 D 그룹, E 그룹의 순매수량의 합은 B 그룹의 순매수량보다 작다.

③ 다 그룹의 순매도량은 라 그룹의 순매도량보다 작다.

④ 나 그룹의 순매도액은 598,360(백만 원)이다.

 ② 13,570 + 24,850 + 70,320 = 108,740이다.

48 다음 중 옳지 않은 것은?

① 외국인들은 A 그룹보다 D 그룹의 주식을 더 많이 사들였다.

② 가 그룹과 마 그룹의 순매도량의 합은 다 그룹의 순매도량보다 많다.

③ 나 그룹의 순매도액은 라 그룹의 순매도액보다 많다.

④ A 그룹과 D 그룹의 순매수액의 합은 B 그룹의 순매수액보다 작다.

 ④ 695,790 + 965,780 = 1,661,570

|49~50 | 다음 표는 A~G 지역의 재활용품 수거에 관한 자료이다. 물음에 답하시오.

<표1> 수거된 재활용품의 유형별 비율

(단위 : %)

유형 \ 지역	A	B	C	D	E	F	G
종이류	70.6	58.2	25.0	40.4	19.0	26.1	25.5
병류	9.9	6.8	6.5	21.6	44.7	11.6	17.4
고철류	8.3	25.7	58.1	13.8	24.8	11.9	25.9
캔류	2.7	2.6	1.7	6.8	4.4	4.5	7.9
플라스틱류	6.2	5.0	3.2	11.4	5.5	6.9	8.3
기타	2.3	1.7	5.5	6.0	1.6	39.0	15.0
전체	100.0	100.0	100.0	100.0	100.0	100.0	100.0

<표2> 재활용품 수거량과 인구특성

항목 \ 지역	A	B	C	D	E	F	G
재활용품 수거량(톤/일)	88.8	81.8	70.8	62.9	45.3	21.5	21.0
1인당 재활용품 수거량(g/일)	328.1	375.8	362.5	252.8	323.7	244.4	232.9
인구(천명)	270.6	217.7	195.4	248.7	140.0	87.8	90.0
인구밀도(명/km^2)	970.0	664.6	584.0	681.4	415.6	161.0	118.6
1차 산업 인구구성비(%)	6.5	5.7	13.3	8.4	14.3	37.9	42.0
2차 산업 인구구성비(%)	21.6	14.3	23.9	23.6	15.4	11.4	13.8
3차 산업 인구구성비(%)	71.9	80.0	62.8	68.0	70.3	50.7	44.2

49 다음 설명 중 옳지 않은 것을 모두 고르면?

> ㉠ 2차 산업 인구구성비가 높은 지역일수록 수거된 재활용품 중 고철류 비율이 높다.
> ㉡ 3차 산업 인구구성비가 높은 지역일수록 재활용품 수거량이 많다.
> ㉢ 인구밀도가 높은 상위 3개 지역과 수거된 재활용품 중 종이류 비율이 높은 상위 3개 지역은 동일하다.
> ㉣ 1인당 재활용품 수거량이 가장 적은 지역은 수거된 재활용품 중 종이류 비율이 가장 높다.

① ㉠㉡

② ㉢㉣

③ ㉠㉡㉢

④ ㉠㉡㉣

 ㉠ B와 D의 경우 2차 산업 인구구성비는 D가 높지만, 재활용품 중 고철류 비율은 B가 높다.
㉡ 3차 산업 인구구성비는 B가 가장 높지만, 재활용품 수거량은 A가 가장 높다.
㉣ 1인당 재활용품 수거량이 가장 적은 지역은 G이지만, 재활용품 중 종이류 비율이 가장 높은 곳은 A이다.

50 D도시에서 3차 산업에 종사하는 인구는 총 몇 명인가?

① 168,522명

② 169,116명

③ 169,134명

④ 169,216명

 D도시의 인구는 248.7 × 1,000 = 248,700명이고,
이 중 3차 산업의 인구구성비는 68%이므로 3차 산업 인구는 248,700 × 0.68 = 169,116명

Answer ⌐→ 49.④ 50.②

03 도식추리

|1~5| 다음 제시된 도식 기호들(◎, ☆, ♥)은 일정한 규칙에 따라 문자들을 변화시킨다. 괄호 안에 들어갈 알맞은 문자를 고르시오.

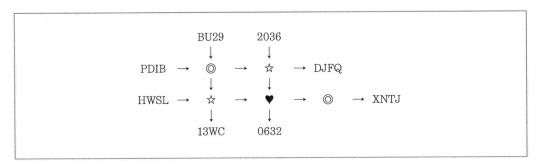

1

$$STCO → ♥ → ◎ → (\quad)$$

① CSTO

② DUUQ

③ QUUD

④ STOC

 ㉠ ♥ : 세 번째 자리의 문자를 맨 앞으로 보낸다.
㉡ ◎ : 문자에 +1212를 더한다.
STCO → CSTO → DUUQ

2

$$ZMAY → ◎ → ☆ → (\quad)$$

① AZMY

② YAMZ

③ ABOA

④ AOBA

 ㉠ ◎ : 문자에 +1212를 더한다.
㉡ ☆ : 문자를 역순으로 배열한다.
ZMAY → AOBA → ABOA

3

TEAB → ☆ → ♥ → (　　)

① ATEB
② TEAB
③ BAET
④ EBAT

 ㉠ ☆ : 문자를 역순으로 배열한다.
㉡ ♥ : 세 번째 자리의 문자를 맨 앞으로 보낸다.
TEAB → BAET → EBAT

4

FEBY → ◎ → ♥ → (　　)

① BFEY
② CGGA
③ GGCA
④ FBEY

 ㉠ ◎ : 문자에 +1212를 더한다.
㉡ ♥ : 세 번째 자리의 문자를 맨 앞으로 보낸다.
FEBY → GGCA → CGGA

5

OSMG → ♥ → ☆ → (　　)

① GSOM
② GOSM
③ MOSG
④ OSMG

 ㉠ ♥ : 세 번째 자리의 문자를 맨 앞으로 보낸다.
㉡ ☆ : 문자를 역순으로 배열한다.
OSMG → MOSG → GSOM

Answer↪ 1.② 2.③ 3.④ 4.② 5.①

∎6~10∎ 다음 제시된 도식 기호들(◐, ◤, ◎, ◉)은 일정한 규칙에 따라 문자들을 변화시킨다. 괄호 안에 들어갈 알맞은 문자를 고르시오.

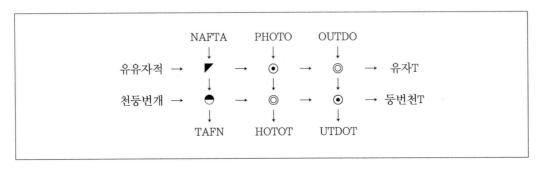

6

삐뚤어질테다 → ◉ → ◐ → (   )

① T뚤어질테다삐
② 뚤어질테다T
③ 삐뚤어질테다T
④ 뚤어질테다삐T

 ① 삐뚤어질테다 → 삐뚤어질테다T → T뚤어질테다삐의 과정을 거친다.
㉠ ◐ : 맨 앞자리 문자와 맨 끝자리 문자의 순서를 바꾼다.
㉡ ◤ : 맨 끝자리 문자를 삭제한다.
㉢ ◎ : 맨 앞자리 문자를 삭제한다.
㉣ ◉ : 맨 끝자리에 T를 더한다.

7

ANSWER → ◎ → ◤ → ◐ → (   )

① ANSWERT
② NSWERT
③ ANSWET
④ ESWN

 ④ ANSWER → NSWER → NSWE → ESWN의 과정을 거친다.

8

CHAPTER → ◐ → ⊙ → ▼ → ◎ → (　　)

① CHAPTERT

② RCHAPTE

③ HAPTERC

④ HAPTEC

 ④ CHAPTER → RHAPTEC → RHAPTECT → RHAPTEC → HAPTEC의 과정을 거친다.

9

dafkljk → ▼ → ◎ → ⊙ → ⊙ → (　　)

① kafkljdTT

② afkljTT

③ kfkldaTT

④ dafkljTT

 ② dafkljk → dafklj → afklj → afkljT → afkljTT의 과정을 거친다.

10

583126891 → ⊙ → ◎ → ◐ → ▼ → (　　)

① 583126891T

② 83126891T

③ T3126891

④ T31268918

 ③ 583126891 → 583126891T → 83126891T → T31268918 → T3126891의 과정을 거친다.

| 11~15 | 다음 제시된 도식 기호들(♧, ♣, ☏, ☎)은 일정한 규칙에 따라 문자들을 변화시킨다. 괄호 안에 들어갈 알맞은 문자를 고르시오.

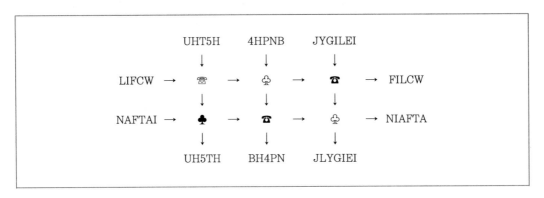

11

> 가갸거겨날 → ☎ → ♣ → ☏ → (   )

① 날가갸거겨

② 가갸거겨날

③ 날가겨거갸

④ 날가갸겨거

 ③ 가갸거겨날 → 날가갸거겨 → 날가갸겨거 → 날가겨거갸의 과정을 거친다.
㉠ ♧ : 맨 앞자리 문자와 두 번째 문자 순서 바꾸기
㉡ ♣ : 맨 뒷자리 문자와 그 앞자리 문자 순서 바꾸기
㉢ ☏ : 세 번째 문자 맨 뒷자리로 보내기
㉣ ☎ : 다섯 번째 문자 맨 앞자리로 보내기

12

> DRIVE → ♧ → ☎ → ♧ → (   )

① REDIV

② ERDIV

③ DRIVE

④ RDIVE

 ① DRIVE → RDIVE → ERDIV → REDIV의 과정을 거친다.

13

용비어천가 → ♣ → ☎ → ☎ → (　　)

① 어용비가천

② 용비가천어

③ 용비어천가

④ 용비어가천

 ① 용비어천가→용비어가천→용비가천어→어용비가천의 과정을 거친다.

14

오페라하우스 → ♧ → ☎ → ☎ → (　　)

① 페오하우스라

② 스페오하우라

③ 페오라하우스

④ 오페라하우스

 ② 오페라하우스→페오라하우스→페오하우스라→스페오하우라의 과정을 거친다.

15

해커양성교육기관 → ♣ → ♧ → ☎ → (　　)

① 커해양성교육관기

② 해커양성교육기관

③ 해커양성교육관기

④ 커해성교육관기양

 ④ 해커양성교육기관→해커양성교육관기→커해양성교육관기→커해성교육관기양의 과정을 거친다.

▌16~20▐ 다음 제시된 도식 기호들(□, ■, ▷, ▶)은 일정한 규칙에 따라 문자들을 변화시킨다. 괄호 안에 들어갈 알맞은 문자를 고르시오.

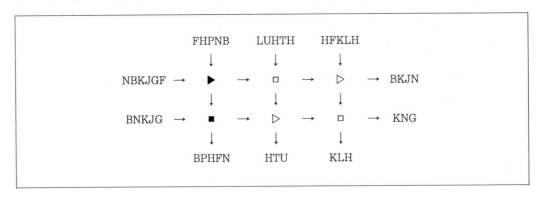

	FHPNB	LUHTH	HFKLH	
NBKJGF → ▶ → □ → ▷ → BKJN
BNKJG → ■ → ▷ → □ → KNG
	BPHFN	HTU	KLH	

16

851687531 → ▷ → ■ → ▶ → (　　)

① 586175318
② 858617531
③ 516875318
④ 851687531

 ② 851687531 → 516875318 → 586175318 → 858617531의 과정을 거친다.
　㉠ □ : 첫 번째 문자와 마지막 문자 삭제하기
　㉡ ■ : 두 번째 문자와 네 번째 문자 순서 바꾸기
　㉢ ▷ : 맨 앞자리 문자를 맨 뒤로 보내기
　㉣ ▶ : 맨 뒷자리 문자를 맨 앞으로 보내기

17

마이클반포터고흐 → ▶ → ■ → □ → (　　)

① 흐클이마반포터고
② 마이클반포터고흐
③ 클이마반포터
④ 흐마이클반포터고

 ③ 마이클반포터고흐 → 흐마이클반포터고 → 흐클이마반포터고 → 클이마반포터의 과정을 거친다.

18

사검명혁점강 → ■ → ▷ → ▷ → (　　)

① 사혁명검점강

② 혁명검점강사

③ 사검명혁점강

④ 명검점강사혁

 ④ 사검명혁점강→사혁명검점강→혁명검점강사→명검점강사혁의 과정을 거친다.

19

네할바르니르 → ▶ → ▶ → ■ → (　　)

① 니할네르바르

② 니르네할바르

③ 네할바르니르

④ 르네할바르니

 ① 네할바르니르→르네할바르니→니르네할바르→니할네르바르의 과정을 거친다.

20

가나2다3라4마5 → ▶ → ▶ → ▢ → (　　)

① 5가1나2다3라4마

② 마5가1나2다3라4

③ 5가1나2다3라

④ 가1나2다3라4마5

 ③ 가1나2다3라4마5→5가1나2다3라4마→마5가1나2다3라4→5가1나2다3라의 과정을 거친다.

│21~25│ 다음 제시된 도식 기호들(□, □, ◐, ◑)은 일정한 규칙에 따라 문자들을 변화시킨다. 괄호 안에 들어갈 알맞은 문자를 고르시오.

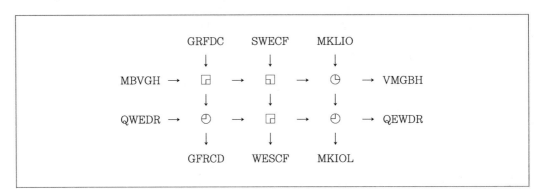

	GRFDC	SWECF	MKLIO	
MBVGH →	□ →	□ →	◐ →	VMGBH
QWEDR →	◑ →	□ →	◑ →	QEWDR
	GFRCD	WESCF	MKIOL	

21

$$82187915 \rightarrow □ \rightarrow ◐ \rightarrow □ \rightarrow (\quad)$$

① 82187915   ② 81827915
③ 18827915   ④ 81287915

 ③ 82187915 → 81287915 → 81827915 → 18827915의 과정을 거친다.
　　　　　⊙ □ : 첫 번째 문자와 두 번째 문자 순서 바꾸기
　　　　　⊙ □ : 두 번째 문자와 세 번째 문자 순서 바꾸기
　　　　　⊙ ◐ : 세 번째 문자와 네 번째 문자 순서 바꾸기
　　　　　⊙ ◑ : 네 번째 문자와 다섯 번째 문자 순서 바꾸기

22

$$9528173281 \rightarrow ◑ \rightarrow □ \rightarrow ◐ \rightarrow (\quad)$$

① 9251873281   ② 9215873281
③ 9521873281   ④ 9528173281

 ② 9528173281 → 9521873281 → 9251873281 → 9215873281의 과정을 거친다.

23

위국헌신군인본분 → → □ → ㉧ → (　　)

① 국헌신위군인본분 　　　　② 국헌위신군인본분

③ 국위헌신군인본분 　　　　④ 위국헌신군인본분

(Tip)　① 위국헌신군인본분 → 국위헌신군인본분 → 국헌위신군인본분 → 국헌신위군인본분의 과정을 거친다.

24

강남엄마짱 → ㉧ → ㉧ → → (　　)

① 강남엄마짱 　　　　② 강남엄짱마

③ 강남짱엄마 　　　　④ 강짱남엄마

(Tip)　④ 강남엄마짱 → 강남엄짱마 → 강남짱엄마 → 강짱남엄마의 과정을 거친다.

25

JHGRTTY → → ㉧ → □ → ㉧ → (　　)

① GJTHRTY 　　　　② GJHTRTY

③ JHGRTTY 　　　　④ JGHRTTY

(Tip)　① JHGRTTY → JGHRTTY → JGHTRTY → GJHTRTY → GJTHRTY의 과정을 거친다.

▮26~30▮ 다음 제시된 도식 기호들(★, ☆, ♥, ♡)은 일정한 규칙에 따라 문자들을 변화시킨다. 괄호 안에 들어갈 알맞은 문자를 고르시오.

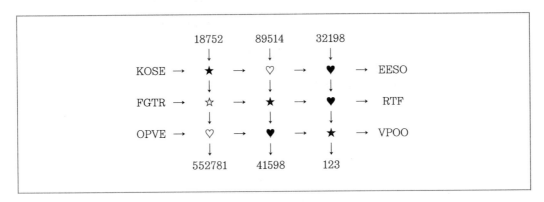

26

PPOR52D → ♥ → ★ → ♡ → (　　)

① 2O5RP2P
② P2PDOR5
③ 225ROPP
④ OP52DR

 ③ PPOR52D → PPOR52 → 25ROPP → 225ROPP의 과정을 거친다.
　㉠ ★ : 모든 문자열의 순서를 거꾸로 바꾼다(1234 → 4321).
　㉡ ☆ : 맨 앞자리와 두 번째 자리의 문자의 순서를 바꾼다(1234 → 2134).
　㉢ ♥ : 맨 뒷자리의 문자를 삭제한다(1234 → 123).
　㉣ ♡ : 맨 앞자리의 문자와 동일한 문자를 맨 앞에 삽입한다(1234 → 11234).

27

IHWRXSEQ → ♥ → ★ → ♡ → (　　)

① WHQRXSEI
② RXSEQIWHQ
③ WRXSEQIHQ
④ EESXRWHI

 ④ IHWRXSEQ → IHWRXSE → ESXRWHI → EESXRWHI의 과정을 거친다.

28

올1올2올3올4올5 → ♡ → ★ → ♥ → ♡ → (　　)

① 올1올2올3올4올5

② 55올4올3올2올1올

③ 5올4올3올2올1올올

④ 올54올3올2올1올

 ② 올1올2올3올4올5 → 올올1올2올3올4올 → 5올4올3올2올1올올 → 5올4올3올2올1올 → 55올4올3올2올1올의 과정을 거친다.

29

45217934 → ★ → ♥ → ♥ → ♡ → (　　)

① 54293417

② 934452171

③ 52144793

④ 4439712

 ④ 45217934 → 43971254 → 4397125 → 439712 → 4439712의 과정을 거친다.

30

HOTR321 → ☆ → ★ → ☆ → ♥ → (　　)

① 13R2THO

② RTH123O

③ 213RTH

④ 123RTHO

 ③ HOTR321 → OHTR321 → 123RTHO → 213RTHO → 213RTH의 과정을 거친다.

| 31~35 | 다음 제시된 도식 기호들(◄, ▷, ▽, ▼)은 일정한 규칙에 따라 문자들을 변화시킨다. ( ) 안에 들어갈 알맞은 것을 고르시오.

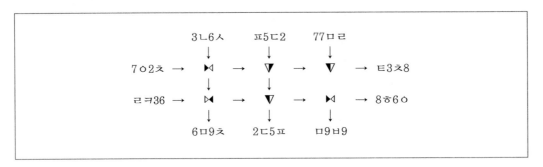

	3ㄴ6ㅅ	ㅍ5ㄷ2	77ㅁㄹ

7ㅇ2ㅊ → ◄ → ▼ → ▼ → ㅌ3ㅊ8

ㄹㅋ36 → ◄ → ▼ → ◄ → 8ㅎ6ㅇ

	6ㅁ9ㅊ	2ㄷ5ㅍ	ㅁ9ㅂ9

31

$$□1ㅇ6 → ▼ → ◄ → (\quad)$$

① ㅂㅊ28　　　　　　　② ㅅㅈ37

③ 7ㅈ3ㅅ　　　　　　　④ 82ㅊㅂ

 ② ㅁ1ㅇ6 → ㅁㅇ16 → ㅅㅈ37의 과정을 거친다.
　　㉠ ◄ : 각 자리에 1, 2, 1, 2를 더한다.
　　㉡ ◄ : 각 자리에 2, 1, 2, 1을 더한다.
　　㉢ ▼ : 맨 앞자리와 맨 끝자리의 문자의 순서를 바꾼다.
　　㉣ ▼ : 둘째, 셋째자리의 문자의 순서를 바꾼다.

32

$$5W2F → ◄ → ▼ → ◄ → (\quad)$$

① 63YH　　　　　　　② 84AI

③ 75ZJ　　　　　　　④ 7Z5J

 ③ 5W2F → 6Y3H → 63YH → 75ZJ의 과정을 거친다.

33

24ㅈㅌ → ◁▷ → ◁▷ → ▼ → ( )

① 48ㅋㄴ

② 4ㅋ8ㄴ

③ 66ㅍㅎ

④ 6ㅍ6ㅎ

 ④ 24ㅈㅌ → 45ㅋㅍ → 66ㅍㅎ → 6ㅍ6ㅎ의 과정을 거친다.

34

ㄹ7ㅈ5 → ◁▷ → ▼ → ( ) → 79ㅊㅁ

① ◁▷

② 없음

③ ▼

④ ▼

 ② ㄹ7ㅈ5 → ㅁ9ㅊ7 → 79ㅊㅁ이므로 더 이상 도식이 필요하지 않다.

35

ㅅㄹ13 → ▼ → ( ) → ▼ → 53ㅁㅇ

① ◁▷

② ◁▷

③ ▼

④ ▼

(Tip) ① ㅅㄹ13 → ㅅ1ㄹ3, ㅇ3ㅁ5 → 53ㅁㅇ이므로 ㅅ1ㄹ3 → ㅇ3ㅁ5의 과정을 거치기 위해서는 각 자리에 1, 2, 1, 2를 더하는 도식 ◁▷가 들어가야 한다.

|36~40| 다음 제시된 도식 기호들(♟, ♛, ♜, ♚)은 일정한 규칙에 따라 문자들을 변화시킨다. ( ) 안에 들어갈 알맞은 것을 고르시오.

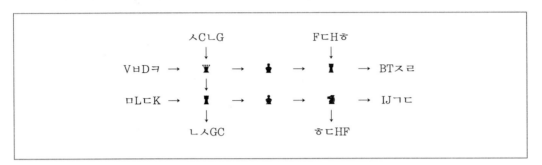

36

$$OMㄹV → ♚ → ♛ → (\quad)$$

① MVㅇㄹ
② MㅇVㄹ
③ ㄹVㅇM
④ VㄹMㅇ

 ② OMㄹV→VㄹMㅇ→MㅇVㄹ의 과정을 거친다.
  ㉠ ♟ : 각 자리마다 2를 빼준다.
  ㉡ ♛ : 앞의 두 문자와 뒤의 두 문자의 순서를 바꾼다(1234→3412).
  ㉢ ♜ : 둘째, 셋째자리의 문자의 순서를 바꾼다(1234→1324).
  ㉣ ♚ : 모든 문자열의 순서를 바꾼다(1234→4321).

37

$$QJGL → ♟ → ♜ → ♛ → (\quad)$$

① HJOE
② JHEO
③ OHEJ
④ JEHO

 ① QJGL→OHEJ→OEHJ→HJOE의 과정을 거친다.

38

K ㄹ U ㅂ → → ♟ → ♕ → ( )

① ㄹㄴSI

② ㄹSㄴI

③ ㄴIㄹS

④ ㅁTㄷH

(Tip) ③ K ㄹ U ㅂ → ㅂ U ㄹ K → ㄹSㄴI → ㄴIㄹS의 과정을 거친다.

39

ㅁ ㅇ ㄹ ㅊ → ♕ → ( ) → ㄹ ㅁ ㅊ ㅇ

① ♟

② ♕

③ ♜

④

(Tip) ③ ㅁ ㅇ ㄹ ㅊ → ㄹ ㅊ ㅁ ㅇ에서 ㄹ ㅁ ㅊ ㅇ으로 되는 과정을 거치려면 둘째, 셋째자리의 문자의 순서를 바꾸는 도식 ♜가 필요하다.

40

ㅋ X ㅊ V → ( ) → ♟ → ♕ → V ㅈ T ㅇ

① ♟

② ♕

③ ♜

④

(Tip) ④ 역순으로 유추하면 V ㅈ T ㅇ ← T ㅇ V ㅈ ← V ㅊ X ㅋ이므로 ㅋ X ㅊ V → V ㅊ X ㅋ의 과정을 거치려면 모든 문자열의 순서를 바꾸는 도식 ■이 필요하다.

Answer → 36.② 37.① 38.③ 39.③ 40.④

| 41~45 | 다음 제시된 도식 기호들(◀, ⬆, ▶, ⬇)은 일정한 규칙에 따라 문자들을 변화시킨다. ( ) 안에 들어갈 알맞은 것을 고르시오.

```
                    37ㅁㅅ      ㅍ4ㄷ6
                       ↓          ↓
        ㅂㅊ26  →  ◀   →   ⬆   →   ▶   →  3ㅋ7ㅅ
                       ↓          ↓
        7ㄹ1ㅈ  →  ⬇   →   ▶   →   ◀   →  ㅅ60ㄴ
                       ↓          ↓
                    ㅁ7ㅅ3      ㄹㅎ57
```

41

ㅇ8ㅅ6 → ◀ → ⬇ → (   )

① ㅇㅈ97   ② ㅂㅂ74
③ ㅅㅁ56   ④ ㅈㅇ79

 ② ㅇ8ㅅ6 → ㅅㅇ86 → ㅂㅂ74의 과정을 거친다.
㉠ ◀ : 셋째자리 문자를 맨 앞으로 이동(1234→3124)
㉡ ⬆ : 각 자리마다 1을 더한다.
㉢ ▶ : 둘째자리 문자를 맨 뒤로 이동(1234→1342)
㉣ ⬇ : 각 자리에 1, 2, 1, 2를 뺀다.

42

74ㄹㅌ → ▶ → ◀ → ⬆ → (   )

① ㅍ8ㅁ5   ② ㅋ5ㄷ2
③ 8ㅁㅍ5   ④ ㅁ5ㅍ8

 ① 74ㄹㅌ → 7ㄹㅌ4 → ㅌ7ㄹ4 → ㅍ8ㅁ5의 과정을 거친다.

43

5ㅊ2ㅁ → ⬇ → ➡ → ⬆ → ( )

① 41ㄷㅇ ② 14ㅇㄷ

③ 25ㅈㄹ ④ 52ㄹㅈ

Tip ④ 5ㅊ2ㅁ → 4ㅇ1ㄷ → 41ㄷㅇ → 52ㄹㅈ의 과정을 거친다.

44

ㅁ3ㅍ7 → ( ) → ⬇ → ㄹㅋ61

① ⬅ ② ⬆

③ ➡ ④ ⬇

Tip ③ 역순으로 유추하면 ㄹㅋ61 ← ㅁㅍ73이므로 ㅁ3ㅍ7 → ㅁㅍ73의 과정을 거치려면 둘째자리 문자를 맨 뒤로 이동시키는 도식 ➡이 필요하다.

45

ㅈㄴ52 → ⬆ → ( ) → ➡ → 6ㄷ3ㅊ

① ⬅ ② ⬆

③ ➡ ④ ⬇

Tip ① ㅈㄴ52 → ㅊㄷ63, 6ㅊㄷ3 → 6ㄷ3ㅊ이므로 ㅊㄷ63 → 6ㅊㄷ3의 과정을 거치기 위해서는 셋째자리 문자를 맨 앞으로 이동시키는 도식 ⬅이 필요하다.

Answer ↦ 41.② 42.① 43.④ 44.③ 45.①

▌46~47 ▌ 다음 제시된 도식 기호들(☺, 😊, ▨ ☼)은 일정한 규칙에 따라 문자들을 변화시킨다. (   ) 안에 들어갈 알맞은 것을 고르시오.

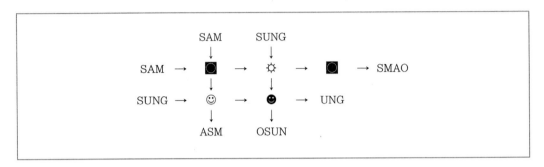

46

KIMM → ☺ → ☺ → (   )

① IMMK　　　　　　　　② MMKI

③ MMIK　　　　　　　　④ KMMI

 ② KIMM → IMMK → MMKI의 과정을 거친다.

ⓐ ☺ : 맨 앞자리의 문자를 맨 뒤로 보낸다.

ⓑ 😊 : 맨 끝자리 문자를 삭제한다.

ⓒ ▨ : 맨 앞자리의 문자와 맨 끝자리의 문자를 바꾼다.

ⓓ ☼ : 맨 앞자리 문자에 O를 더한다.

47

JLPOKKI → ▨ → 😊 → (   )

① ILPOKKJ　　　　　　② POKKJI

③ JLPOKKI　　　　　　④ ILPOKK

 ④ JLPOKKI → ILPOKKJ → ILPOKK의 과정을 거친다.

| 48~54 | 다음 순서도에 의해 인쇄되는 S의 값을 구하시오.

48

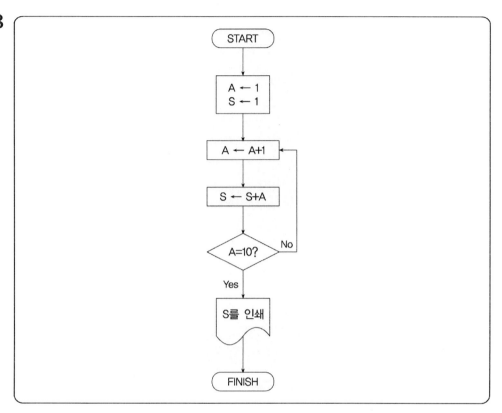

① 33   ② 45

③ 55   ④ 66

A=1, S=1
A=2, S=1+2
A=3, S=1+2+3
...
A=10, S=1+2+3+...+10
∴ 인쇄되는 S의 값은 55이다.

Answer ⌐→ 46.②   47.④   48.③

49

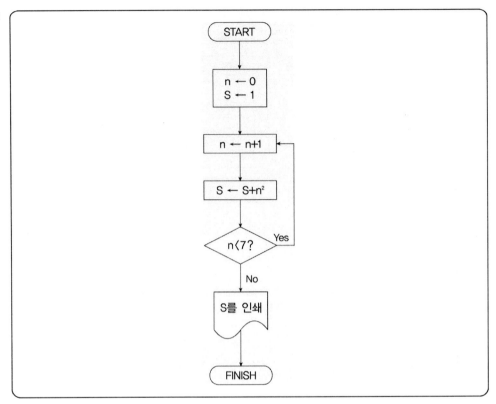

① 137   ② 139

③ 141   ④ 143

 n=0, S=1

n=1, S=$1+1^2$

n=2, S=$1+1^2+2^2$

...

n=7, S=$1+1^2+2^2+\cdots+7^2$

∴ 인쇄되는 S의 값은 141이다.

50

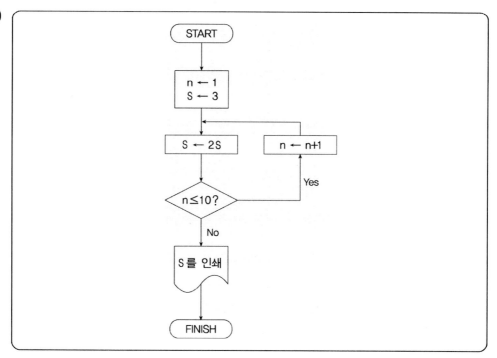

① $2^8 \cdot 3$　　　　　　② $2^9 \cdot 3$

③ $2^{10} \cdot 3$　　　　　④ $2^{11} \cdot 3$

Tip
　$n=1,\ S=3$
　$n=1,\ S=2 \cdot 3$
　$n=2,\ S=2^2 \cdot 3$
　$n=3,\ S=2^3 \cdot 3$
　…
　$n=11,\ S=2^{11} \cdot 3$
　∴ 인쇄되는 S의 값은 $2^{11} \cdot 3$이다.

Answer → 49.③　50.④

51

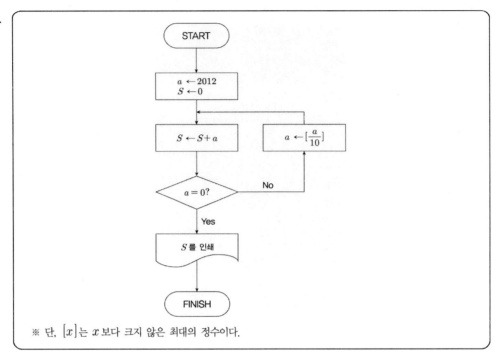

※ 단, $[x]$는 x보다 크지 않은 최대의 정수이다.

① 2230
② 2235
③ 2240
④ 2245

 a, S의 값의 변화과정을 표로 나타내면

a	S
2012	0
2012	$0+2012$
201	$0+2012+201$
20	$0+2012+201+20$
2	$0+2012+201+20+2$
0	$0+2012+201+20+2+0$

따라서 인쇄되는 S의 값은 $0+2012+201+20+2+0=2235$이다.

52

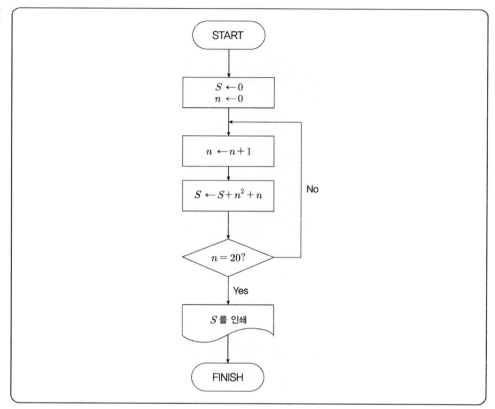

① 3050

② 3060

③ 3070

④ 3080

$$S = \left(1^2 + 2^2 + \cdots + 20^2\right) + \left(1 + 2 + \cdots + 20\right)$$

$$= \frac{20 \times 21 \times 41}{6} + \frac{20 \times 21}{2} = 3080$$

53

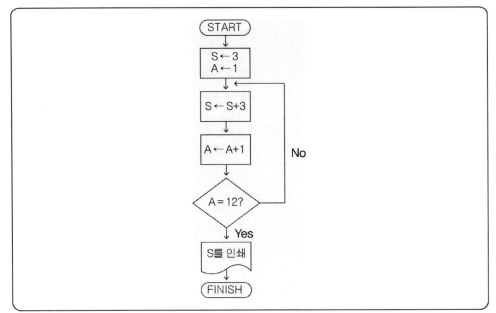

① 30

② 36

③ 156

④ 234

 S=3, A=1

S=3+3, A=1+1

S=3+3+3, A=1+1+1

…

S=3×12, A=12

∴ 인쇄되는 S의 값은 3×12=36이다.

54

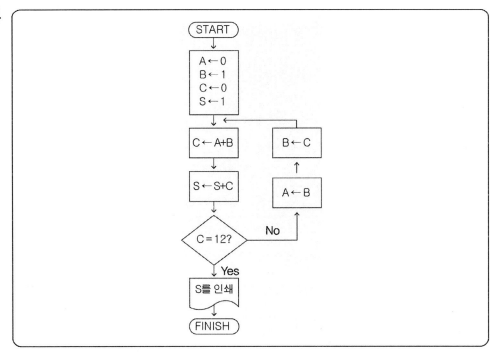

① 33

② 35

③ 37

④ 40

 A, B, C, S의 값을 차례로 구하면 다음과 같다.

A : 0 0 1 1 2 3 5

B : 1 1 1 2 3 5 8

C : 0 1 2 3 5 8 13

D : 1 2 4 7 12 20 33

∴ 인쇄되는 S의 값은 33이다.

▌55~58▐ 다음의 도형을 주어진 명령규칙에 따른 순서도에 입력할 때 나오는 출력값으로 알맞은 것을 고르시오.

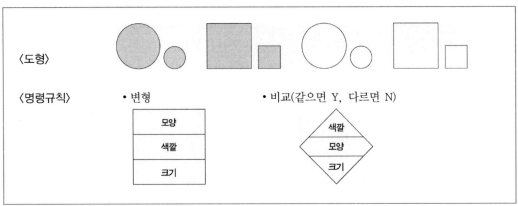

55

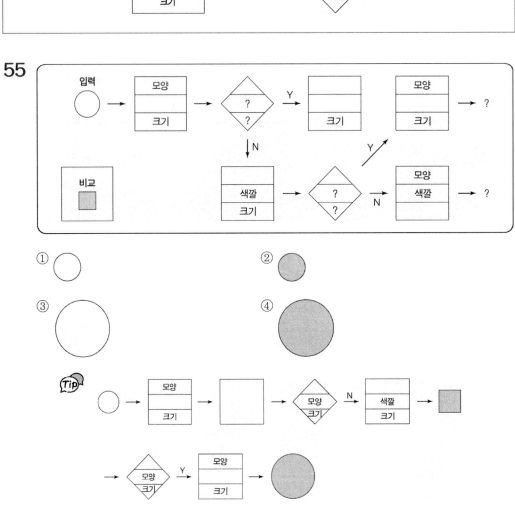

56

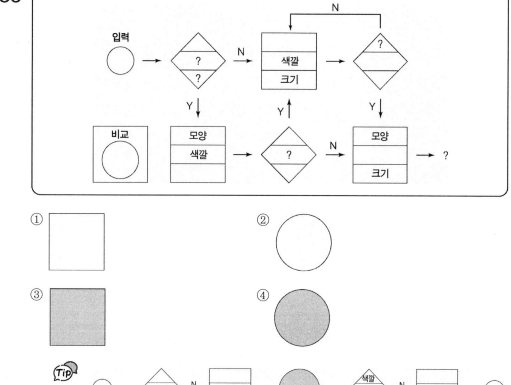

① ②

③ ④

57

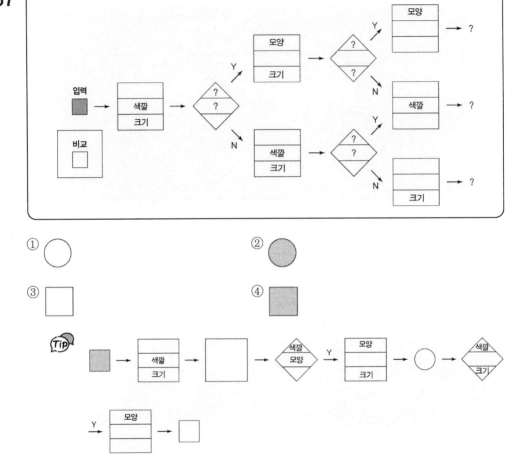

① ◯   ② ●

③ ▢   ④ ▨

58

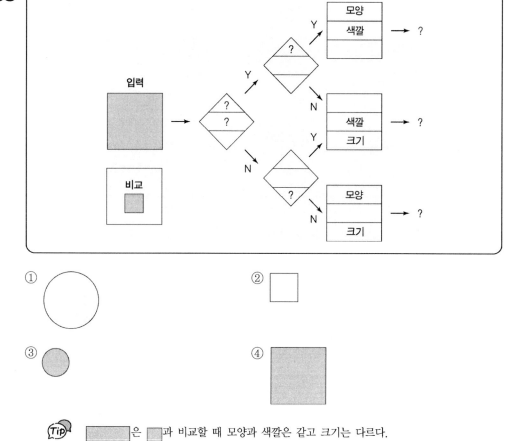

① ◯

② □

③ ●

④ ■

(Tip) ■은 ◼과 비교할 때 모양과 색깔은 같고 크기는 다르다.

따라서 ■ → | 모양 / 색깔 / | → ◯

|59~61| 다음의 도형을 주어진 명령규칙에 따른 순서도에 입력할 때 나오는 출력값으로 알맞은 것을 고르시오.

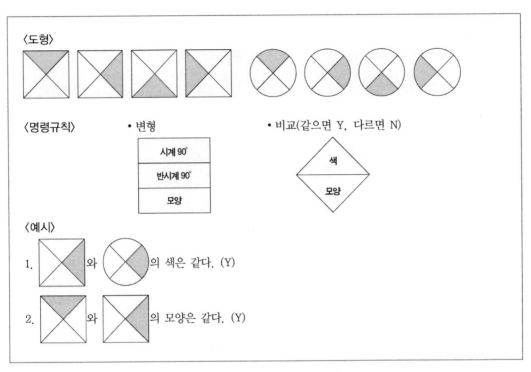

〈도형〉

〈명령규칙〉

• 변형

| 시계 90° |
| 반시계 90° |
| 모양 |

• 비교(같으면 Y, 다르면 N)

색
모양

〈예시〉

1. 와 의 색은 같다. (Y)

2. 와 의 모양은 같다. (Y)

59

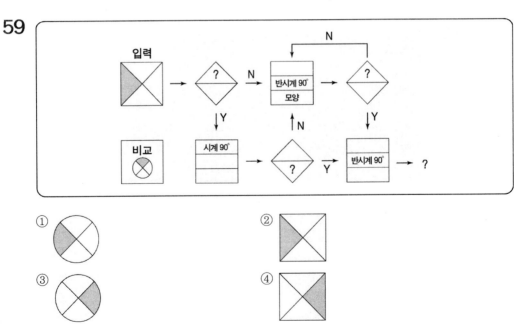

① ②

③ ④

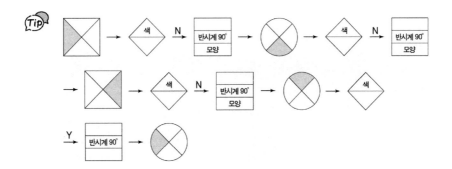

60

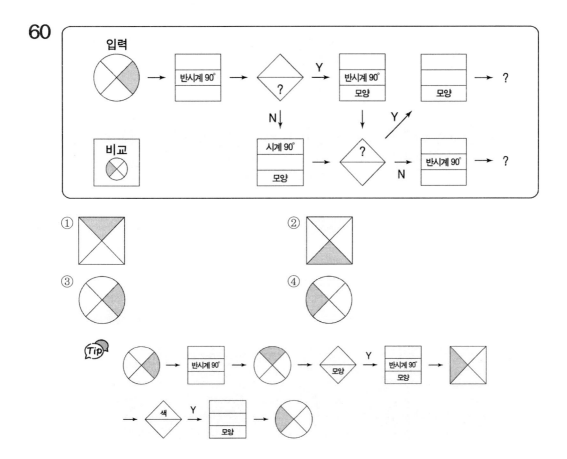

61

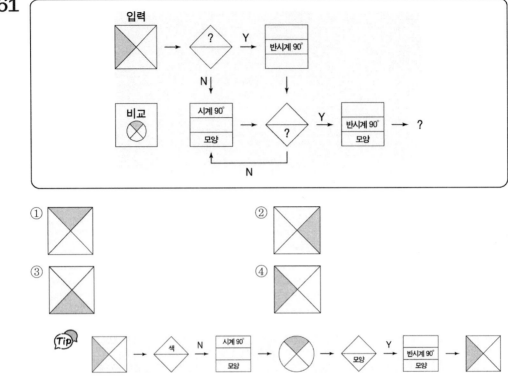

① ② ③ ④

62~64 다음의 도형을 주어진 명령규칙에 따른 순서도에 입력할 때 나오는 출력값으로 알맞은 것을 고르시오.

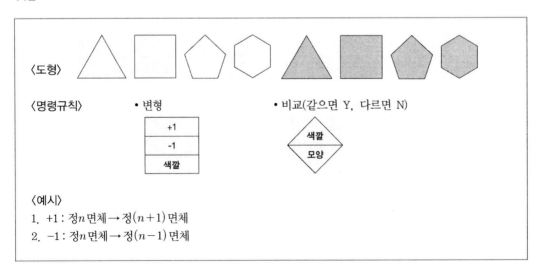

62

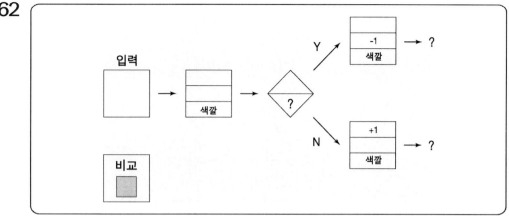

①   ②

③   ④

63

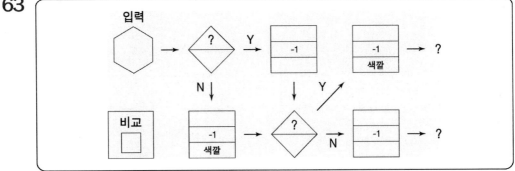

①

②

③

④

 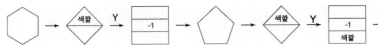

64

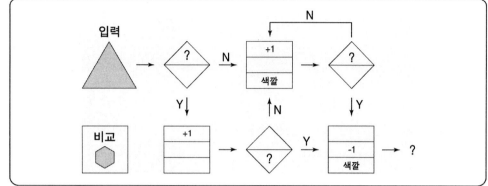

①

②

③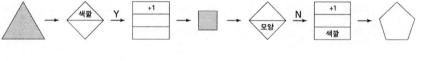

④

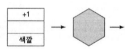 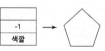

|65~67| 다음의 도형을 주어진 명령규칙에 따른 순서도에 입력할 때 나오는 출력값으로 알맞은 것을 고르시오.

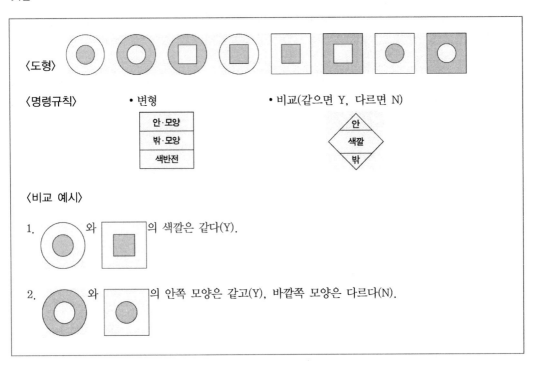

65

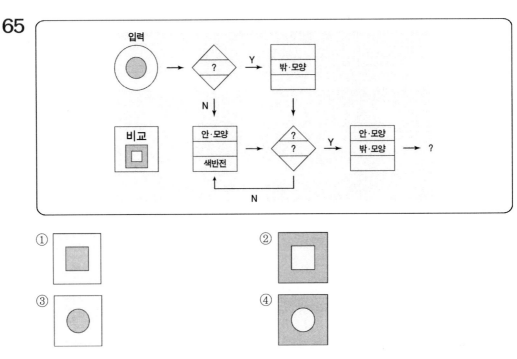

① [회색 사각형 안 회색 정사각형]

② [회색 사각형 안 흰색 정사각형]

③ [흰색 사각형 안 회색 원]

④ [회색 사각형 안 흰색 원]

66

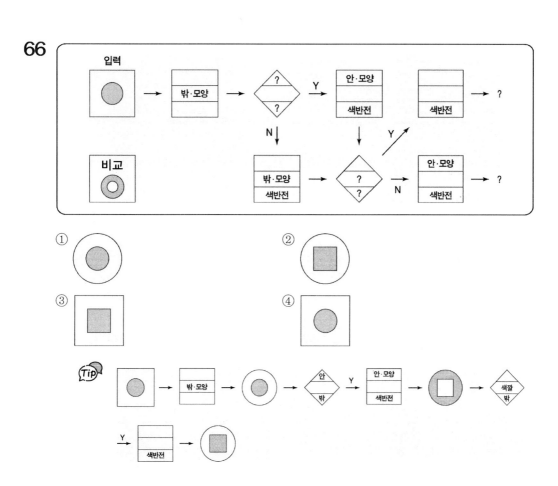

67

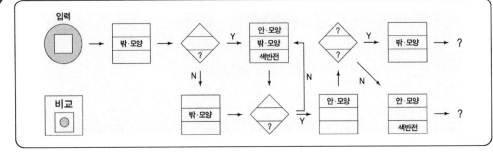

①   ②

③   ④

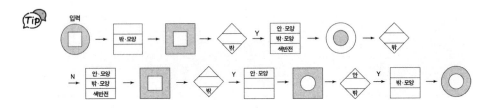

68~79 다음 제시된 〈조건1〉은 도형들의 결합 조건이며, 〈조건2〉는 해당 칸의 도형과 투입한 도형의 동일 여부를 비교하는 기호이다. [투입]된 도형을 순서도에 따라 진행하면서 〈조건1〉과 〈조건2〉를 적용하고, 최종적으로 [산출]되는 도형을 고르시오. (단, 〈조건2〉에 따라 비교할 대상은 [산출] 시 제시된 도형의 왼쪽 모양이다.)

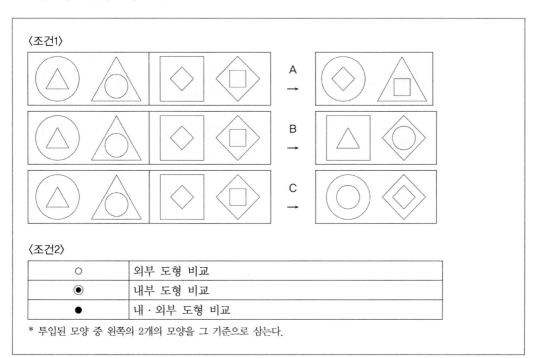

〈조건2〉

○	외부 도형 비교
◉	내부 도형 비교
●	내 · 외부 도형 비교

* 투입된 모양 중 왼쪽의 2개의 모양을 그 기준으로 삼는다.

Answer↱ 67.③

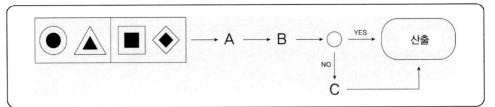

①

②

③

④

(Tip) 제시된 전체 〈조건1〉을 정리하면 다음과 같다.

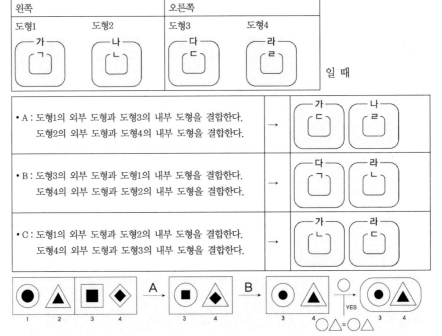

기호에 의해 새로 산출된 도형은 처음 투입된 도형 3, 4의 위치가 된다. 비교할 때에는 도형 1, 2가 그 기준이 된다.

69

① ②

③ ④

(Tip)

70

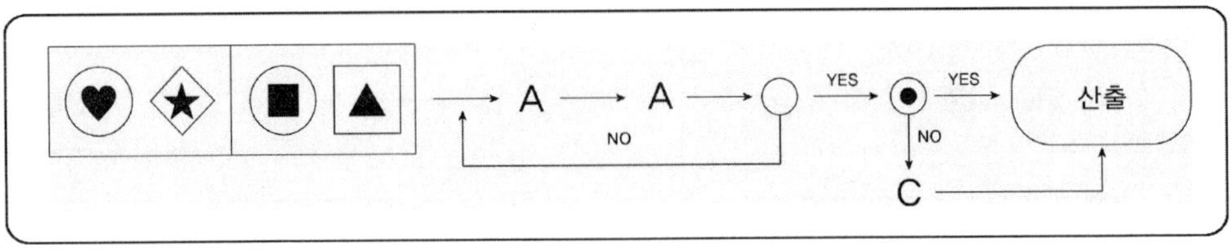

A — A — YES — YES — 산출

NO

NO

C

①  ②  ③  ④

Tip

A — A — YES — NO — C

70

A → A → YES → YES → 산출

NO

NO

C

① ② ③ ④

Tip

1 2 3 4

YES

NO ♥★■▲

C

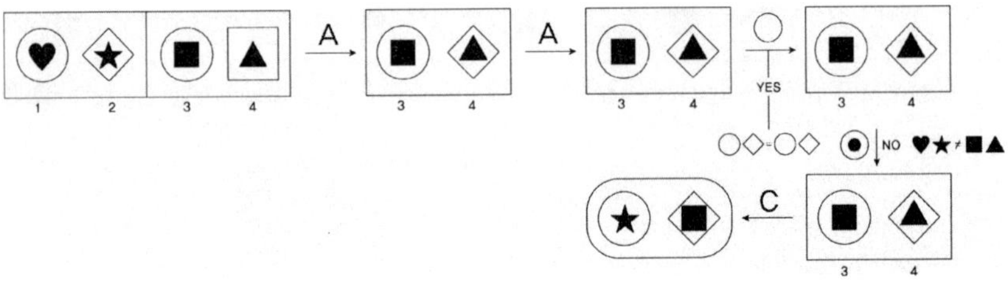

71

①

②

③

④

72

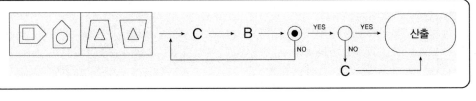

①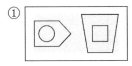

②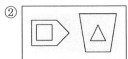

③

④

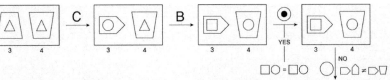
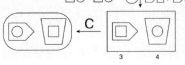

73

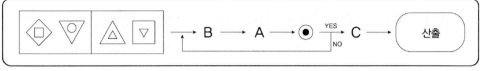

①

②

③

④

 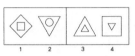  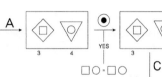

74

①   ②

③   ④

Tip

75

①

②

③

④

 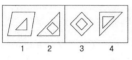 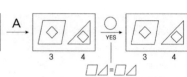

76

① 　②

③ 　④

(Tip)

77

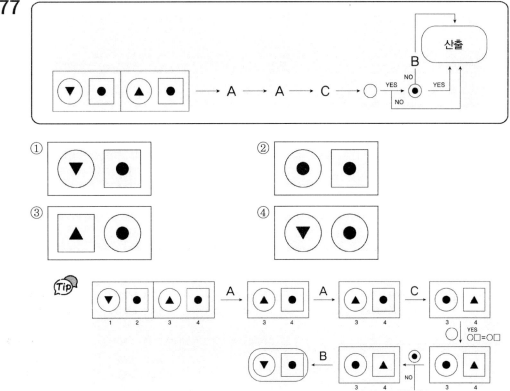

① ② ③ ④

78

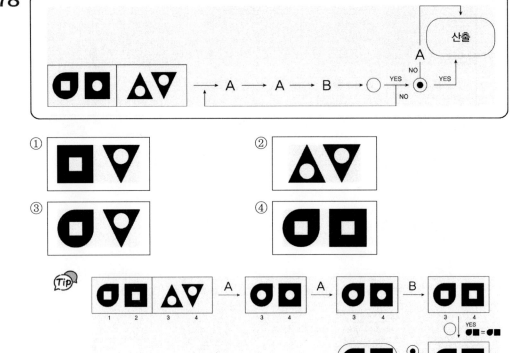

①

②

③

④

79

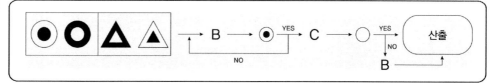

①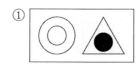

②

③

④

 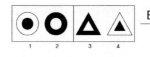 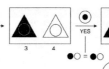 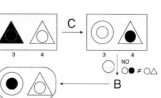

▮80~84▮ 다음 제시된 〈조건1〉은 도형의 변환 조건이며, 〈조건2〉는 순서도에서 다음 단계로 가기 위한 비교 조건이다. [투입]된 도형을 순서도에 따라 진행하면서 〈조건1〉과 〈조건2〉를 적용하고, 최종적으로 [산출]되는 도형을 고르시오.

〈조건1〉		
○	시계 방향으로 90° 회전	
●	반시계 방향으로 90° 회전	
◇	색 반전	
◁	세로축(Y축) 대칭	
▽	가로축(X축) 대칭	

〈조건2〉

N	1	2	3	4	5	6	7	8	9	10
Q	20	15	10	5	6	12	18	24	30	36

80

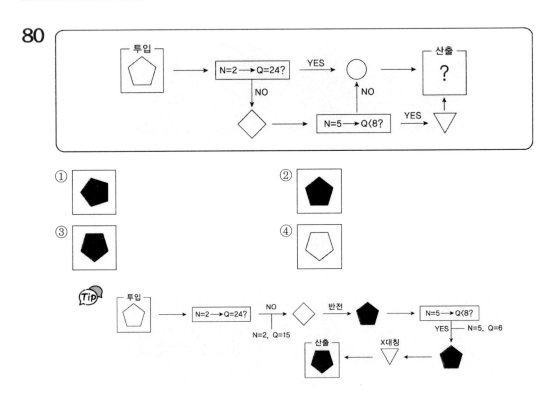

81

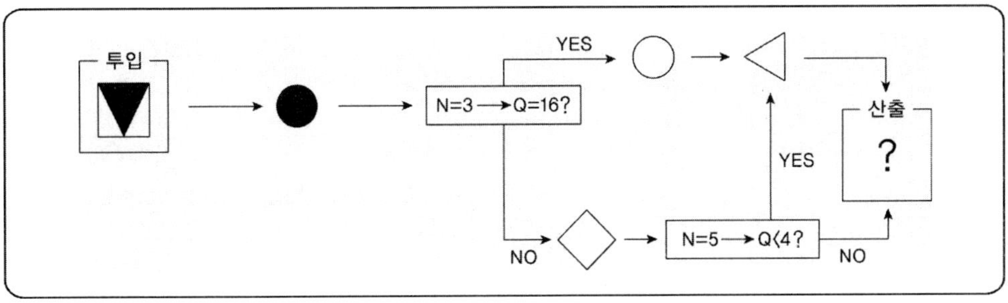

투입

YES

N=3 → Q=16?

NO

N=5 → Q<4?

YES

NO

산출

?

①  ②  ③  ④

Tip

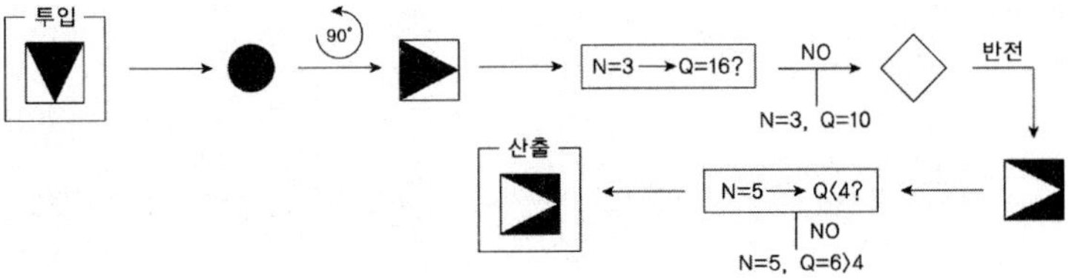

투입 → ● → (90°) → ▶ → N=3 → Q=16? → NO → ◇ 반전 → ▶

N=3, Q=10

산출 ← N=5 → Q<4? ←

NO

N=5, Q=6>4

82

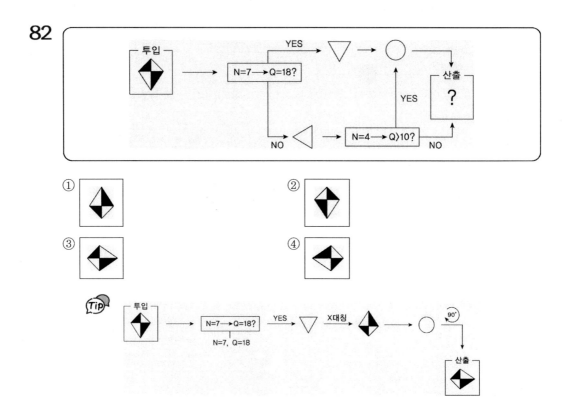

83

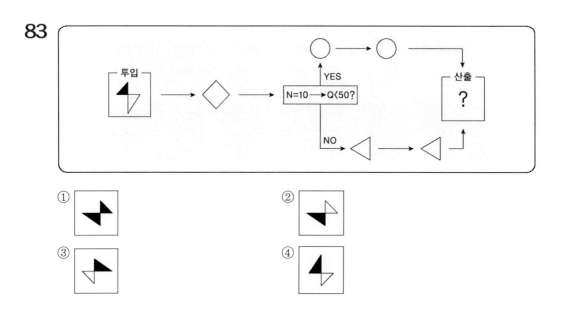

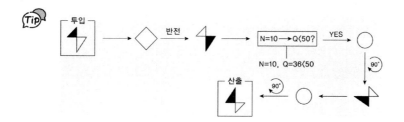

84

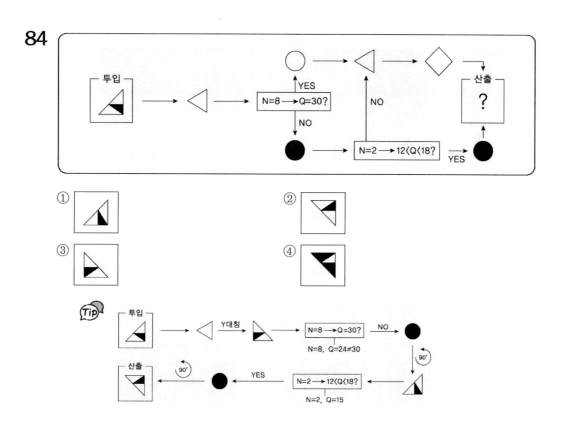

Answer→ 82.③ 83.④ 84.②

▌85~89▐ 다음 제시된 8개의 도형 가운데 하나가 [투입] 상자에 놓여있다. 순서도에 따라 진행하면서 모양·크기·색깔 등을 변환하거나 비교하였을 때 [산출] 상자에 들어갈 도형을 고르시오. (단, 비교 대상은 [투입] 상자의 왼쪽에 제시되며, [산출] 상자에 들어갈 도형이 AB, AC, AD, BC 중 하나일 경우 답을 두 개 선택한다.)

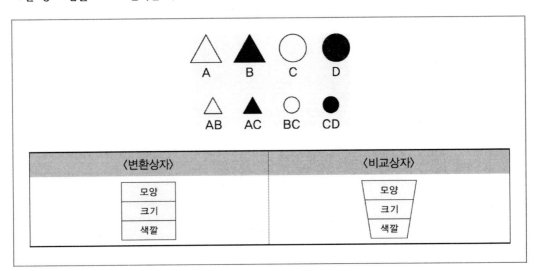

85

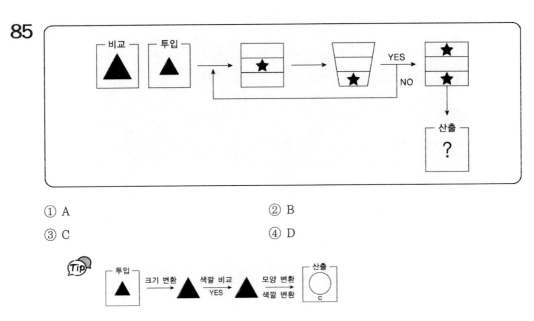

① A   ② B
③ C   ④ D

166 » PART II. 출제예상문제

86

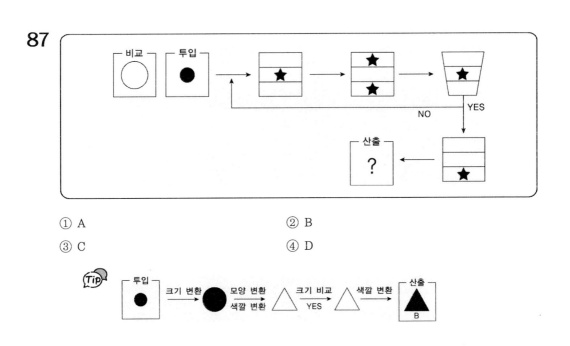

① A

② B

③ C

④ D

87

① A

② B

③ C

④ D

Answer → 85.③　86.③　87.②

88

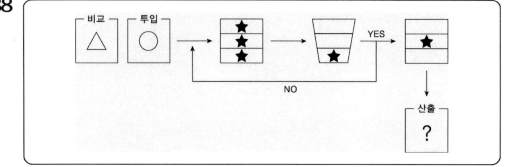

① A   ② B

③ C   ④ D

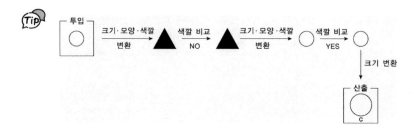

89

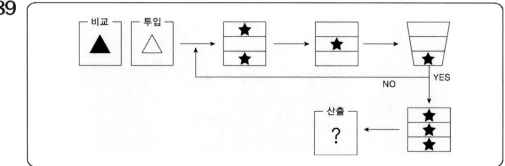

① A   ② B

③ C   ④ D

▌90~94 ▌ 다음 제시된 8개의 도형 가운데 하나가 [투입] 상자에 놓여있다. 순서도에 따라 진행하면서 모양·크기·색깔 등을 변환하거나 비교하였을 때 [산출] 상자에 들어갈 도형을 고르시오. (단, 비교 대상은 [투입] 상자의 왼쪽에 제시되며, [산출] 상자에 들어갈 도형이 AB, AC, AD, BC 중 하나일 경우 답을 두 개 선택한다.)

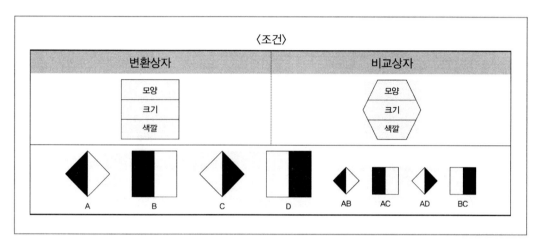

90

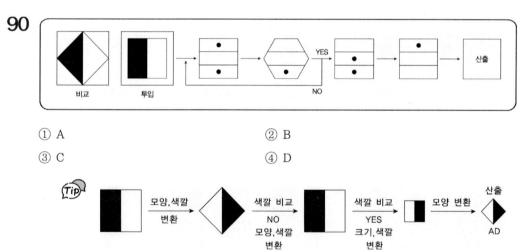

① A

② B

③ C

④ D

91

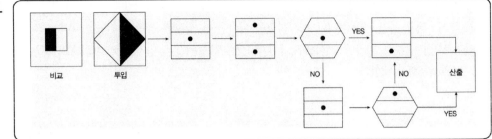

① A   ② B

③ C   ④ D

92

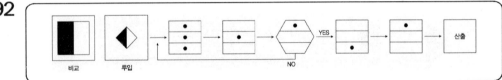

① A   ② B

③ C   ④ D

 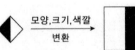 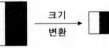

93

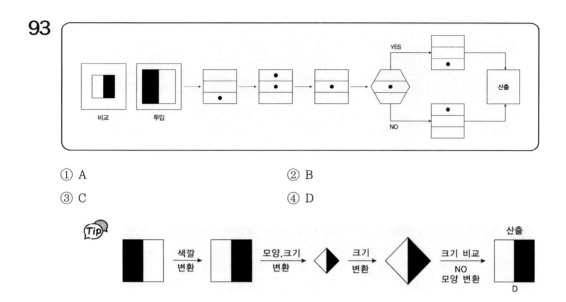

① A

② B

③ C

④ D

94

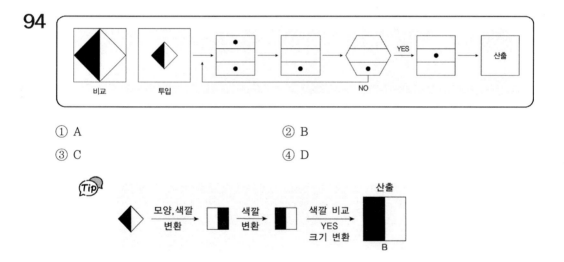

① A

② B

③ C

④ D

Answer → 91.②③ 92.①② 93.④ 94.②

95~98 다음 [조건 1], [조건 2], [조건 3]을 적용하면 다음과 같은 [규칙]이 될 때, "?"에 들어갈 도형으로 알맞은 것을 고르시오.

[조건 1]
○+△=△
△+□=□
○+□=○

[조건 2]
검정색+검정색=검정색
흰색+흰색=흰색
흰색+검정색=검정색

[조건 3]

가		나		다		라		마	
A	B	A+B	B	D	C	A	A+B	A+A'	B+B'
C	D	C	C+D	B	A	C+D	D	C+C'	D+D'

※ '마'는 앞에서 변형되어 나온 도형과 주어진 도형을 더하는 규칙이다.

[규칙]

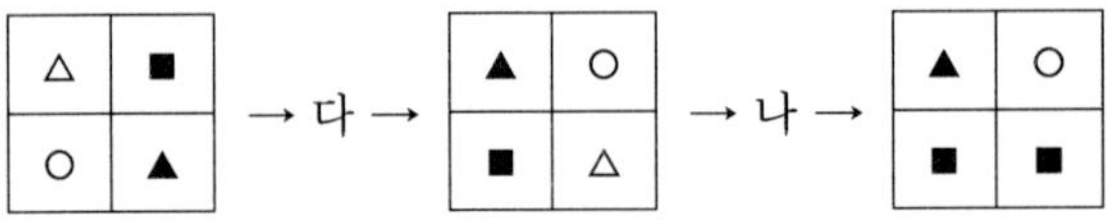

95

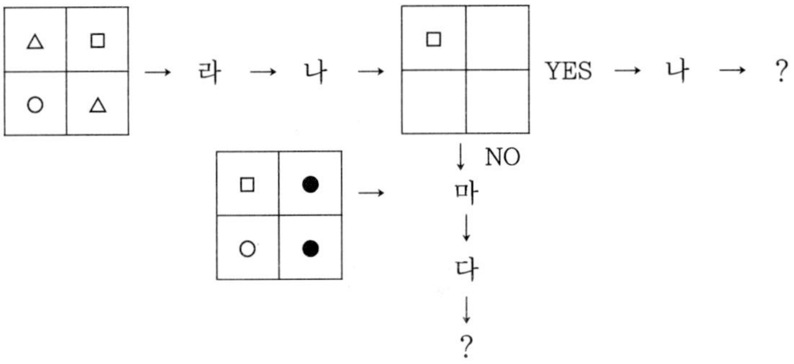

①

②

③

④

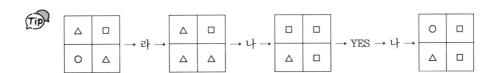

96

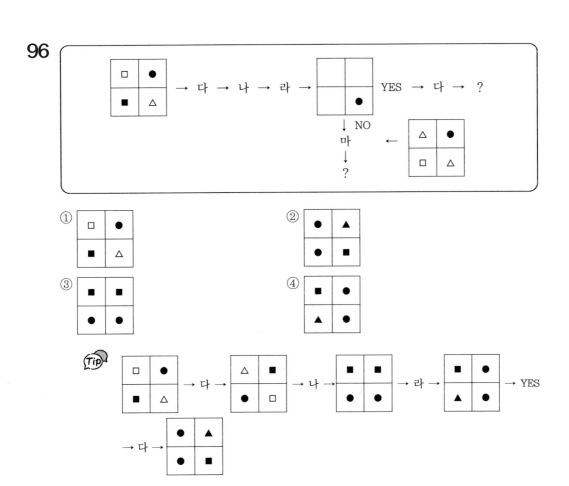

97

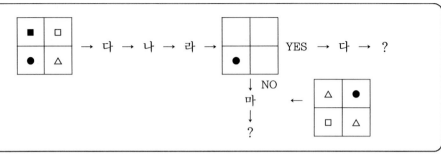

①
△	●
□	■

②
▲	●
□	●

③
▲	▲
●	●

④
●	●
▲	▲

(Tip)

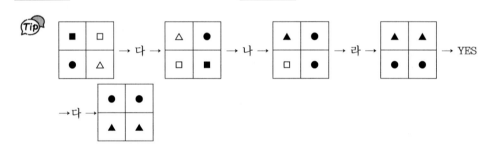

98

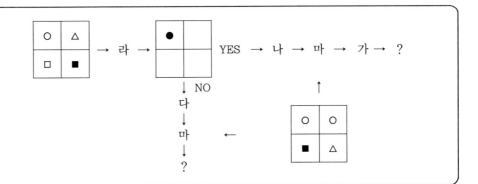

①
○	△
□	■

②
■	●
△	○

③
●	▲
■	△

④
○	△
●	■

Tip

○	△
□	■
→ 라 →
○	△
●	■
→ NO → 다 →
■	●
△	○
→ 마 →
●	▲
■	△

▌99~100 ▌ 제시된 도형을 아래의 [변환] 규칙과 [비교] 규칙에 따라 변환시킨다고 할 때, '?'에 들어갈 도형으로 알맞은 것을 고르시오.

[변환]

⇨⇨	1열을 2열로 복제
⇩⇩	1행을 2행으로 복제
↶	가운데를 기준으로 반시계방향으로 한 칸씩 이동
⇧⇩	1행과 3행을 교환

[비교]

□	해당 칸의 최초 도형과 모양을 비교
◁	해당 칸의 최초 도형과 모양이 같으면 1열씩 왼쪽으로 이동
△	해당 칸의 최초 도형과 모양이 다르면 1행씩 위로 이동
■	해당 칸의 최초 도형과 색깔을 비교
●	해당 칸의 최초 도형과 색깔이 같으면 해당 행 색 반전
○	해당 칸의 최초 도형과 색깔이 다르면 해당 열 색 반전

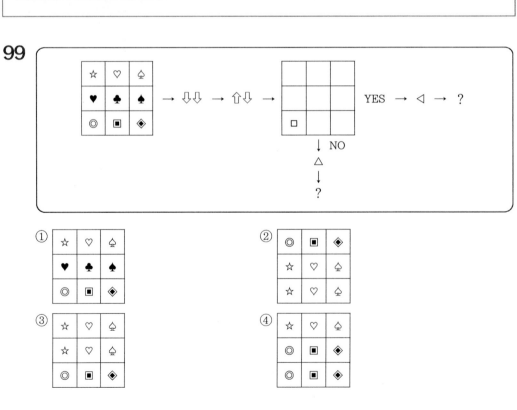

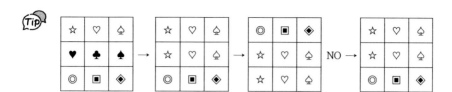

100

①
②
③
④

04 오류찾기(이공계)

┃1~3┃ 다음 표를 참고하여 질문에 답하시오.

스위치	기능
○	1번과 2번 기계를 시계방향으로 90° 회전함
●	1번과 3번 기계를 시계방향으로 90° 회전함
◎	2번과 4번 기계를 시계방향으로 90° 회전함
◇	1번과 4번 기계를 반시계방향으로 90° 회전함
◆	2번과 3번 기계를 반시계방향으로 90° 회전함
□	3번과 4번 기계를 반시계방향으로 90° 회전함

1 처음 상태에서 스위치를 두 번 눌렀더니 화살표 모양과 같은 상태로 바뀌었다. 어떤 스위치를 눌렀는가?

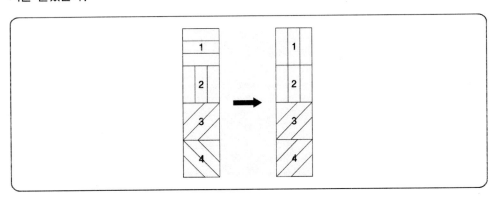

① ●◇

② ●□

③ ◇◎

④ ◆□

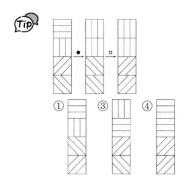

2 처음 상태에서 스위치를 두 번 눌렀더니 화살표 모양과 같은 상태로 바뀌었다. 어떤 스위치를 눌렀는가?

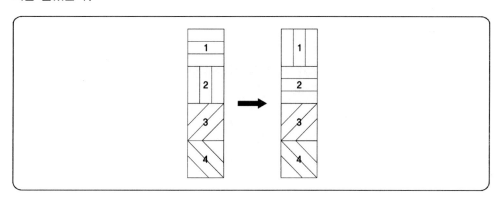

① ○◇　　　　　　　　　　　② ◎□

③ ●◆　　　　　　　　　　　④ ◇◆

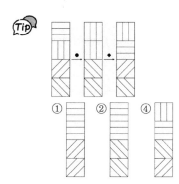

Answer → 1.② 2.③

3 처음 상태에서 스위치를 세 번 눌렀더니 화살표 모양과 같은 상태로 바뀌었다. 어떤 스위치를 눌렀는가?

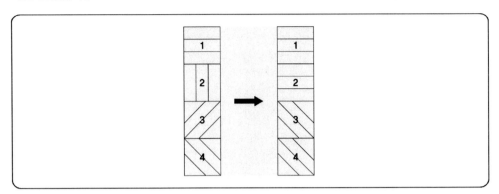

① ●○◆

② ○□◎

③ ◎◆□

④ ◎◇●

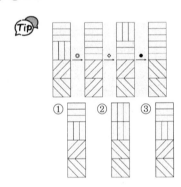

┃4~7┃ 다음 제시된 연산 규칙을 활용하여 나타난 결과 값을 바탕으로, 식에서 잘못 주어진 도형을 고르시오.

〈연산 규칙〉

㉠ : $\dfrac{B}{A} ㉠ \dfrac{D}{C} = \dfrac{BD}{AC}$

㉡ : $\dfrac{B}{A} ㉡ \dfrac{D}{C} = \dfrac{BC}{AD}$

㉢ : $\dfrac{B}{A} ㉢ \dfrac{D}{C} = \dfrac{B}{C}$

㉣ : $\dfrac{B}{A} ㉣ \dfrac{D}{C} = \dfrac{D}{A}$

1 : 도형에서 내부를 구성하는 도형과 외부를 구성하는 도형의 위치 반전

2 : 도형에서 내부를 구성하는 도형만 시계 방향으로 $90\,^\circ$ 회전

3 : 도형에서 외부를 구성하는 도형만 시계 반대 방향으로 $90\,^\circ$ 회전

4 : 도형에서 내부를 구성하는 도형만 색칠

5 : 도형에서 내부를 구성하는 도형만 색 제거

6 : 도형에서 내부를 구성하는 도형을 제외한 부분 색칠

4

① ②

③ ④

(Tip) $\left(\dfrac{B}{A} ㉢ \dfrac{D}{C} \right)^3 = \left(\dfrac{B}{C} \right)^3 = \dfrac{B^3}{C^3} = $

따라서 정답은 ②이다.

Answer ➔ 3.④ 4.②

5

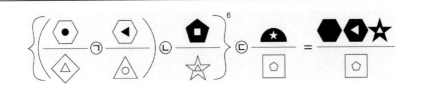

①

②

③

④

(Tip) $\left\{\left(\dfrac{B}{A}\,\text{㉠}\,\dfrac{D}{C}\right)\text{㉡}\,\dfrac{F}{E}\right\}^6 \text{㉢}\,\dfrac{H}{G} = \left\{\left(\dfrac{BD}{AC}\right)\text{㉡}\,\dfrac{F}{E}\right\}^6 \text{㉢}\,\dfrac{H}{G} = \left(\dfrac{BDE}{ACF}\right)^6 \text{㉢}\,\dfrac{H}{G}$

$= \dfrac{B^6 D^6 E^6}{A^6 C^6 F^6}\,\text{㉢}\,\dfrac{H}{G} = \dfrac{B^6 D^6 E^6}{G} = \dfrac{\text{●◀☆}}{\text{⬠}}$

따라서 정답은 ②이다.

6

$\left\{\left(\dfrac{\text{◁□}}{\text{▲}}\,\text{㉠}\,\dfrac{\text{□★}}{\text{⬠}}\right)^2 \text{㉣}\left(\dfrac{\text{▲★}}{\text{◁}}\,\text{㉢}\,\dfrac{\text{⬠}}{\text{▲}}\right)^5\right\}^{-1} = \dfrac{\text{☆}}{\text{▷□}}$

① $\dfrac{\text{◁□}}{\text{▲}}$

② $\dfrac{\text{★}}{\text{⬠}}$

③ $\dfrac{\text{★}}{\text{◁○}}$

④ $\dfrac{\text{⬠}}{\text{▲}}$

$$\left\{\left(\frac{B}{A}㉠\frac{D}{C}\right)^2㉣\left(\frac{F}{E}㉢\frac{H}{G}\right)^5\right\}^1 = \left\{\left(\frac{BD}{AC}\right)^2㉣\left(\frac{F}{G}\right)^5\right\}^1 = \left(\frac{B^2D^2}{A^2C^2}㉣\frac{F^5}{G^5}\right)^1$$

$$=\left(\frac{F^5}{A^2C^2}\right)^1=\frac{(F^5)^1}{(A^2)^1(C^2)^1}=\frac{☆}{▷▭}$$

따라서 정답은 ③이다.

7

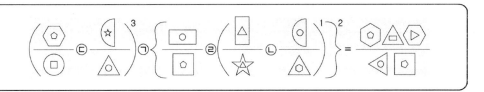

$$① \frac{⬠}{◯} \qquad\qquad ② \frac{◖☆}{\triangle◯}$$

$$③ \frac{□△}{☆} \qquad\qquad ④ \frac{◖◯}{\triangle⬠}$$

$$\left(\frac{B}{A}㉢\frac{D}{C}\right)^3㉠\left\{\frac{F}{E}㉣\left(\frac{H}{G}㉡\frac{J}{I}\right)^1\right\}^2 = \left(\frac{B}{C}\right)^3㉠\left\{\frac{F}{E}㉣\left(\frac{HI}{GJ}\right)^1\right\}^2 = \frac{B^3}{C^3}㉠\left(\frac{F}{E}㉣\frac{H^1I^1}{G^1J^1}\right)^2$$

$$=\frac{B^3}{C^3}㉠\left(\frac{H^1I^1}{E}\right)^2=\frac{B^3}{C^3}㉠\frac{(H^1)^2(I^1)^2}{E^2}=\frac{B^3(H^1)^2(I^1)^2}{C^3E^2}=\frac{⬡△▷}{◁□}$$

따라서 정답은 ④이다.

Answer ⟶ 5.② 6.③ 7.④

┃8~12┃ 빨간색, 주황색, 초록색, 파란색의 신호등이 있으며 신호 변화에 대한 규칙은 다음과 같다. 신호 변화 과정에서 오류가 있는 부분을 제외하고 나면 오른쪽에 주어진 결과가 나타난다고 할 때, 오류가 있는 부분에 해당하는 도형을 고르시오. (단, 규칙에서 언급되지 않은 색의 신호등은 현재 상태 그대로 다음 단계로 통과하며 동일한 색의 신호등이 중복되어 켜질 수 있다.)

구분	과정
●	빨간색 외에는 꺼진다.
○	파란색 외에는 꺼진다.
▲	주황색은 파란색으로 바뀐다.
△	초록색은 빨간색으로 바뀐다.
▼	파란색은 초록색으로 바뀐다.
▽	빨간색은 주황색으로 바뀐다.
◑	빨간색과 초록색이 둘 다 켜져 있지 않거나 둘 중 하나만 켜진 경우 빨간색이 하나 켜진다.
◎	똑같은 색이 두 개 이상 켜져 있을 경우 그 색은 모두 꺼진다.
◼	주황색만 꺼진다.
⬒	파란색이 켜져 있지 않을 경우 주황색이 하나 켜진다.

8

빨간색
주황색
초록색
파란색

→ ▲ → ○ → ▼ → ● → ◎ →

빨간색
초록색
초록색

① ○ ② ▼

③ ● ④ ◎

(Tip)

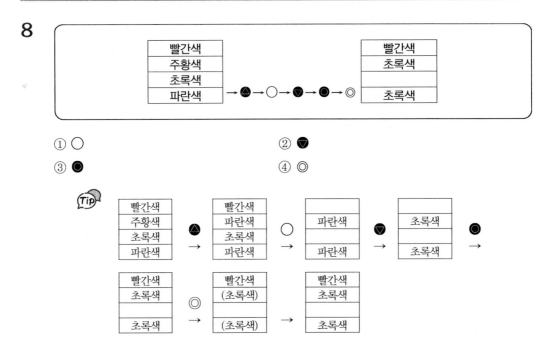

9

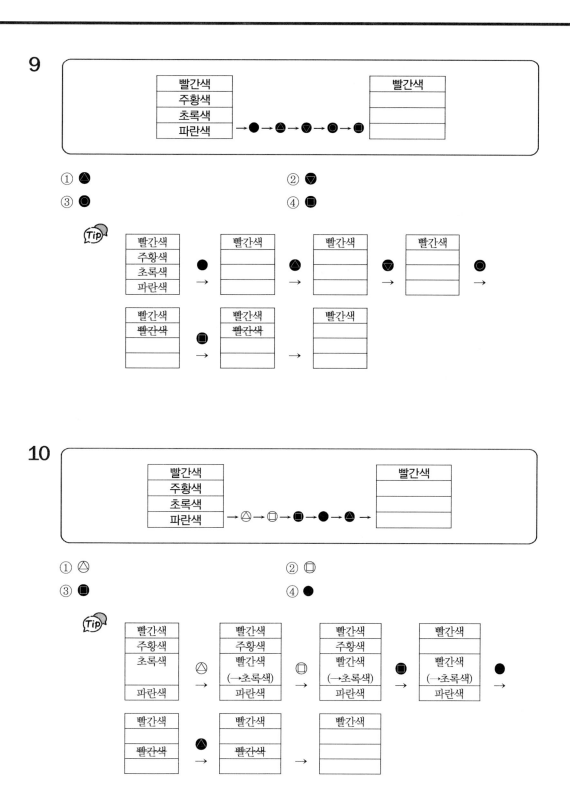

빨간색
주황색
초록색
파란색

→ ● → ▲ → ▽ → ◎ → ▣

빨간색

① ▲

② ▽

③ ◎

④ ▣

Tip

빨간색
주황색
초록색
파란색

● →

빨간색

▲ →

빨간색

▽ →

빨간색

◎ →

빨간색
빨간색

▣ →

빨간색
빨간색

→

빨간색

10

빨간색
주황색
초록색
파란색

→ △ → ◰ → ▣ → ● → △ →

빨간색

① △

② ◰

③ ▣

④ ●

Tip

빨간색
주황색
초록색
파란색

△ →

빨간색
주황색
빨간색 (→초록색)
파란색

◰ →

빨간색
주황색
빨간색 (→초록색)
파란색

▣ →

빨간색
빨간색 (→초록색)
파란색

● →

빨간색
빨간색

△ →

빨간색
빨간색

→

빨간색

Answer ↗ 8.④ 9.③ 10.①

11

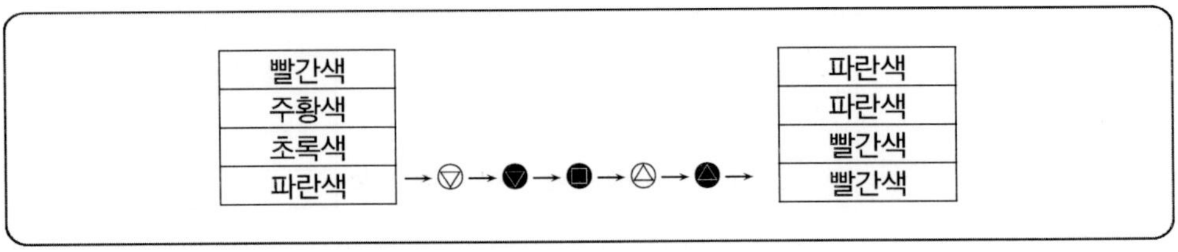

빨간색	
주황색	
초록색	
파란색	

→ ▽ → ⬇ → ■ → △ → ⬆ →

파란색
파란색
빨간색
빨간색

① ▽   ② ⬇

③ ■   ④ △

Tip

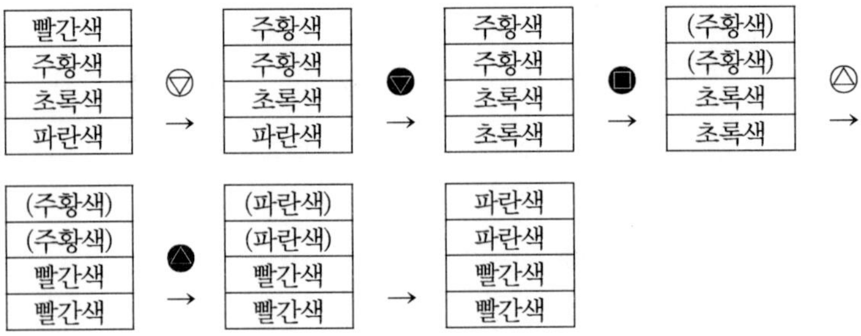

빨간색
주황색
초록색
파란색

▽
→

주황색
주황색
초록색
파란색

⬇
→

주황색
주황색
초록색
초록색

■
→

(주황색)
(주황색)
초록색
초록색

△
→

(주황색)
(주황색)
빨간색
빨간색

⬆
→

(파란색)
(파란색)
빨간색
빨간색

→

파란색
파란색
빨간색
빨간색

12

빨간색	
주황색	
초록색	
파란색	초록색

→ ■ → ● → ◎ → ○ → ▽ →

① ●   ② ●

③ ◎   ④ ○

*

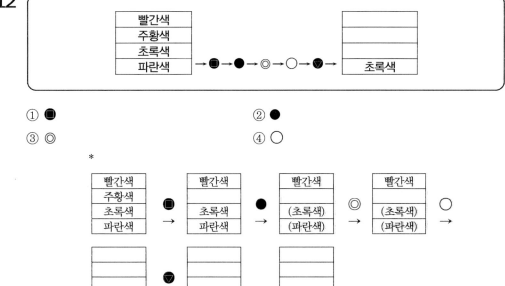

▌13~16▐ 다음은 어느 신호등 두 개가 겹쳐질 때 쓰이는 연산규칙이다. 오류가 난 연산을 찾으시오.

명령어	옳은 결과 값	오류
⊕	겹치는 신호등만 켜짐	⊖의 결과값
⊖	겹치는 신호등만 꺼짐	⊕의 결과값
⊗	각각의 신호등의 ON/OFF를 바꾼 후 3개 중 겹치는 신호등만 켜지고 나머지는 꺼짐	÷의 결과값
÷	각각의 신호등의 ON/OFF를 바꾼 후 3개 중 겹치는 신호등만 꺼지고 나머지는 켜짐	⊗의 결과값

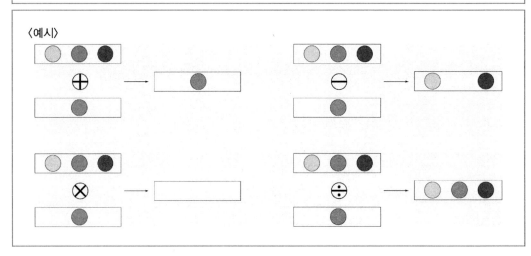

〈예시〉

13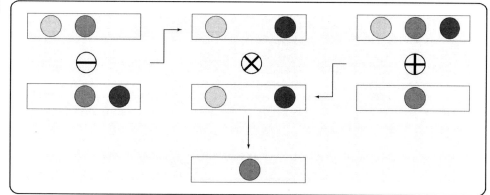

①

②

③

④ 오류없음

의 바른 결과값은 [⬤] 이어야 한다.

14

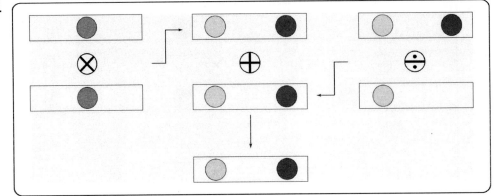

①

②

③

④ 오류없음

 모두 옳은 결과이다.

15

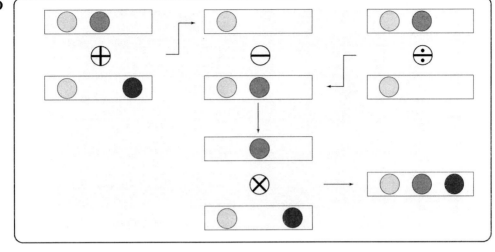

①   ②

③   ④

 의 바른 결과값은 모든 신호가 꺼진 것이다.

16

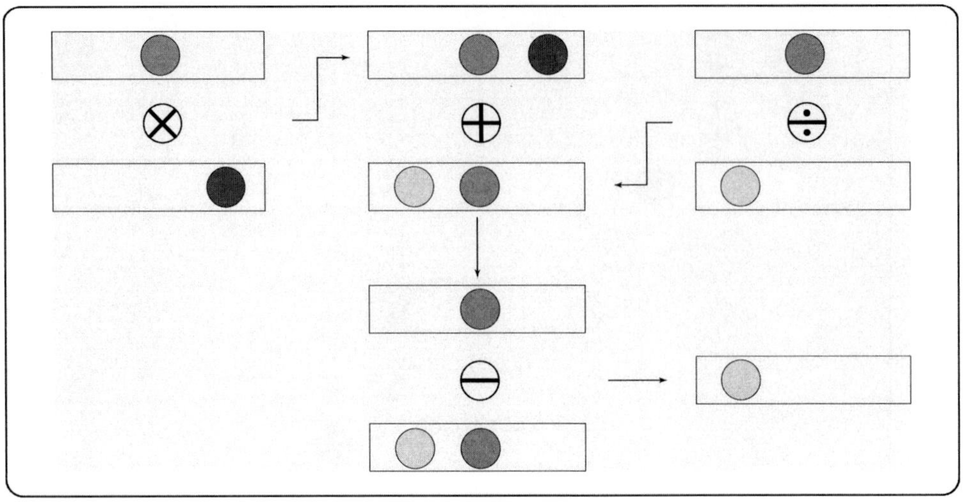

① ⊗

② ⊕

③ (÷ symbol in circle)

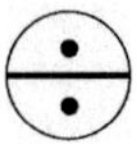

④ (⊖ symbol in circle)

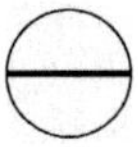

(Tip)  ⊗의 바른 결과값은 [⬤   ] 이어야 한다.

신호등

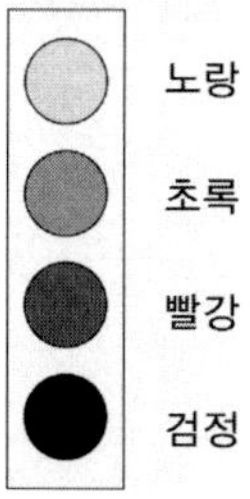

명령	♡	♥	◇	◆	♧	♣	♤	♠
옳은 결과	노랑	초록	빨강	검정	노랑 초록	빨강 검정	노랑 빨강	초록 검정
오류	검정	빨강	초록	노랑	모두 눌림	안 눌림	모두 눌림	안 눌림

노랑
초록
빨강
검정

17

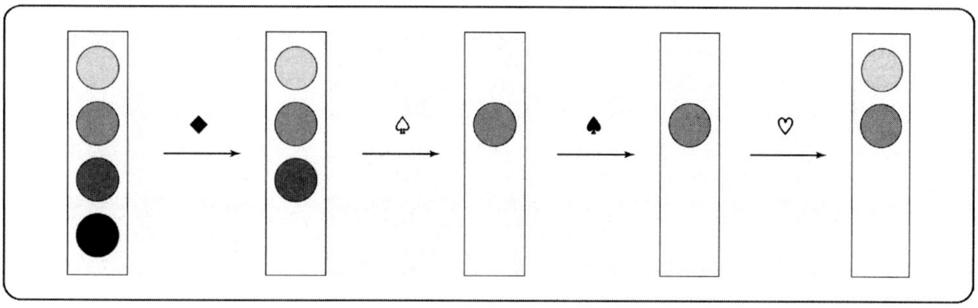

① ◆

② ♤

③ ♠

④ ♡

Tip 초록색 신호만 켜진 상태에서 ♠의 명령이 주어지면 초록색 신호는 꺼지고, 검정색 신호가 켜져야 한다.

18

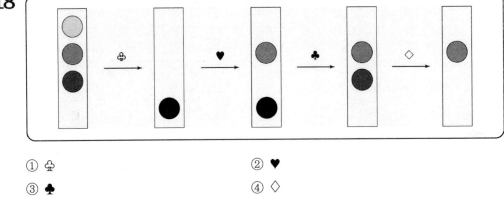

① ♧

② ♥

③ ♣

④ ◇

> (Tip) 노랑, 초록, 빨강 신호가 켜진 상태에서 ♧명령이 주어지면 노랑, 초록 신호의 ON/OFF가 바뀌어 꺼지고 빨강신호만 남게 되는데, 오류로 인해 모든 신호의 ON/OFF가 바뀌었다.

19

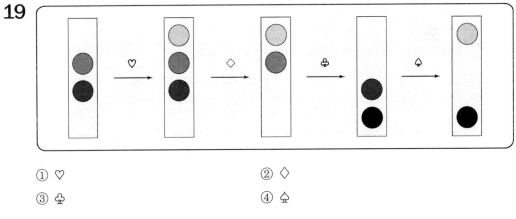

① ♡

② ◇

③ ♧

④ ♤

> (Tip) 노랑, 초록 신호만 켜진 상태에서 ♤명령이 주어지면 노랑, 초록의 신호가 ON→OFF가 되는데, 오류로 인해 모든 신호의 ON/OFF가 바뀌었다.(노랑, 초록 : ON→OFF, 빨강, 검정 : OFF→ON)

20

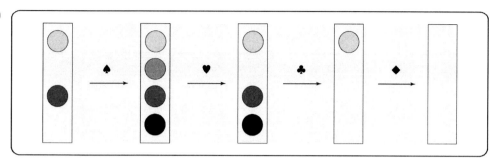

① ♠

② ♥

③ ♣

④ ♦

Tip 노랑 신호만 켜진 상태에서 ◆명령이 주어지면 검정신호가 OFF→ON 되어야 하는데, 오류로
인해 노랑 신호가 ON→OFF 되었다.

Answer↱ 18.① 19.③ 20.④

| 21~23 | 다음 표를 참고하여 질문에 답하시오.

스위치	기능
☆	1번, 2번 기계를 180° 회전함
★	1번, 3번 기계를 180° 회전함
◇	2번, 3번 기계를 180° 회전함
◆	2번, 4번 기계를 180° 회전함

21 처음 상태에서 스위치를 두 번 눌렀더니 다음과 같이 바뀌었다. 어떤 스위치를 눌렀는가?

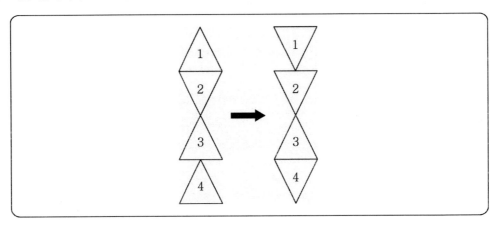

① ☆, ◆   ② ☆, ◇

③ ★, ◆   ④ ★, ◇

 처음 상태와 나중 상태를 비교해보았을 때, 기계의 모양이 바뀐 것은 1번과 4번이다. 스위치가 두 번 눌러서 1번과 4번의 모양만 바꾸기 위해서는 1번, 2번 기계를 회전(☆)시키고 다시 2번, 4번 기계를 회전(◆)시키는 스위치를 누르면 된다.

22 처음 상태에서 스위치를 두 번 눌렀더니 다음과 같이 바뀌었다. 어떤 스위치를 눌렀는가?

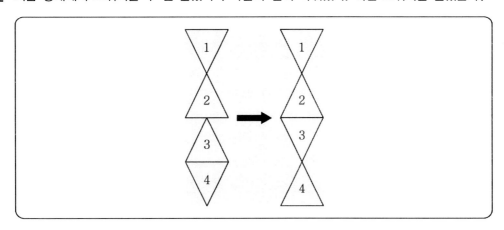

① ☆, ★   ② ◇, ◆

③ ☆, ◇   ④ ★, ◆

 처음 상태와 나중 상태를 비교해보았을 때, 기계의 모양이 바뀐 것은 3번과 4번이다. 스위치가 두 번 눌러서 3번과 4번의 모양만 바꾸기 위해서는 2번, 3번 기계를 회전(◇)시키고 다시 2번, 4번 기계를 회전(◆)시키는 스위치를 누르면 된다.

23 처음 상태에서 스위치를 세 번 눌렀더니 다음과 같이 바뀌었다. 어떤 스위치를 눌렀는가?

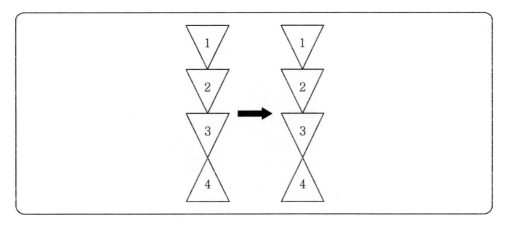

① ★, ◇, ◆   ② ☆, ◇, ◆

③ ☆, ★, ◆   ④ ☆, ★, ◇

Answer ➜ 21.① 22.② 23.④

스위치를 세 번 눌러 처음 상태와 나중 상태에서 모양이 변화한 기계가 없으므로 1번, 2번 기계를 회전(☆)하고, 1번, 3번 기계를 회전(★)하면 1번 기계는 원래대로 돌아가서 2번, 3번 기계는 처음 상태에서 회전되어 있는 상태이므로 2번, 3번 기계를 회전(◇)시켜주면 처음과 똑같은 상태가 된다.

┃24~28┃ 주어진 표와 같이 기계를 변형시키는 스위치가 있다. 표를 보고 물음에 답하시오.

스위치	기능	오류
♡	1번, 2번 기계를 180˚ 회전함	1번 기계를 180˚ 회전함
♥	1번, 3번 기계를 180˚ 회전함	
☆	2번, 3번 기계를 180˚ 회전함	2번 기계를 180˚ 회전함
★	2번, 4번 기계를 180˚ 회전함	
○	1번, 3번 기계의 작동상태를 바꿈 (동작 → 정지, 정지 → 동작)	1번 기계의 작동상태를 바꿈
●	2번, 4번 기계의 작동상태를 바꿈	2번 기계의 작동상태를 바꿈
◇	모든 기계의 작동상태를 바꿈	1번, 2번 기계의 작동상태를 바꿈

△ 숫자 : 동작, ▲ 숫자 : 정지

24 처음 기계에서 스위치 ♥, ○, ♡를 순서대로 눌렀을 때 다음과 같이 기계가 출력되었다. 오류가 발생한 곳은? (단, 오류는 없거나 한 번만 발생한다.)

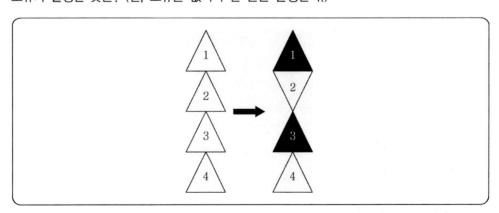

① ♥

② ○

③ ♡

④ 오류 없음

 스위치 ♥, ○, ♡를 순서대로 누르면 오류가 없을 시 회전하는 기계는 2번, 3번, 작동상태
가 바뀌는 기계는 1번, 3번이다. 출력된 기계는 3번 기계의 회전이 되지 않았으므로 ♥에
서 오류가 발생했다.

25 처음 기계에서 스위치 ☆, ○, ◇, ●를 순서대로 눌렀을 때 다음과 같이 기계가 출력되었
다. 오류가 발생한 곳은? (단, 오류는 한 번만 발생한다.)

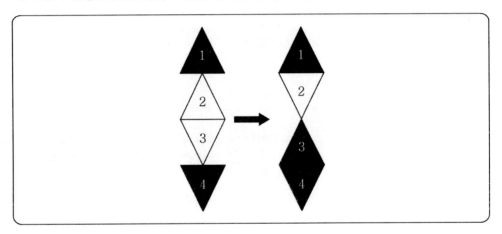

① ☆

② ○

③ ◇

④ ●

 스위치 ☆, ○, ◇, ●를 순서대로 누르면 오류가 없을 시 회전하는 기계는 2번, 3번, 작동
상태가 바뀌는 기계는 없다. 출력된 기계는 3번 기계의 작동상태가 바뀌었으므로 ○에서
오류가 발생했다.

Answer 24.① 25.②

26 처음 기계에서 스위치 ♡, ☆, ○, ●를 순서대로 눌렀을 때 다음과 같이 기계가 출력되었다. 오류가 발생한 곳은? (단, 오류는 한 번만 발생한다.)

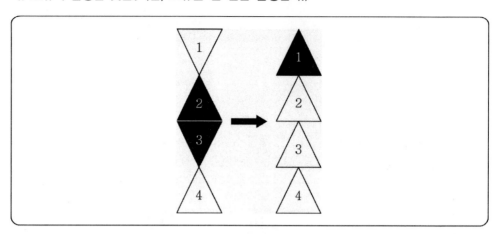

① ♡

② ☆

③ ○

④ ●

 스위치 ♡, ☆, ○, ●를 순서대로 누르면 오류가 없을 시 회전하는 기계는 1번, 3번, 작동 상태가 바뀌는 기계는 1~4번 기계이다. 출력된 기계의 4번 기계의 작동상태가 바뀌지 않았으므로 ●에서 오류가 발생했다.

27 처음 기계에서 스위치 ○, ★, ♡, ♥를 순서대로 눌렀을 때 다음과 같이 기계가 출력되었다. 오류가 발생한 곳은? (단, 오류는 한 번만 발생한다.)

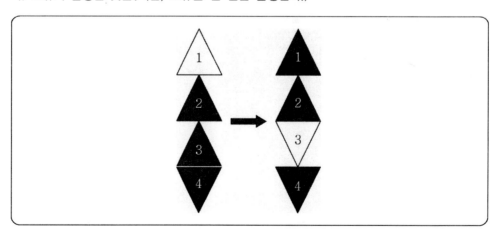

① ○
② ★
③ ♡
④ ♥

(Tip) 스위치 ○, ★, ♡, ♥를 순서대로 누르면 오류가 없을 시 회전하는 기계는 3번, 4번, 작동상태가 바뀌는 기계는 1번, 3번이다. 출력된 기계의 4번 기계가 회전하지 않았으므로 ★에서 오류가 발생했다.

28 처음 기계에서 스위치 ◇, ○, ★, ♥를 순서대로 눌렀을 때 다음과 같이 기계가 출력되었다. 오류가 발생한 곳은? (단, 오류는 한 번만 발생한다.)

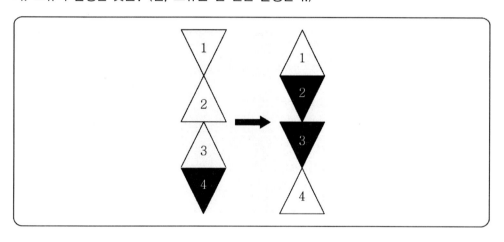

① ◇
② ○
③ ★
④ ♥

(Tip) 스위치 ◇, ○, ★, ♥를 순서대로 누르면 오류가 없을 시 회전하는 기계는 1~4번 기계 모두이고, 작동상태가 바뀌는 기계는 2번, 4번이다. 출력된 기계의 3번 기계의 작동상태도 바뀌었으므로 ○에서 오류가 발생했다.

Answer ⟶ 26.④ 27.② 28.②

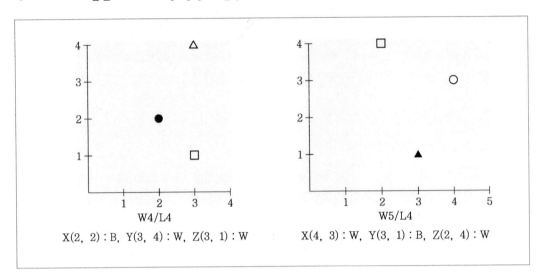

X(2, 2) : B, Y(3, 4) : W, Z(3, 1) : W

X(4, 3) : W, Y(3, 1) : B, Z(2, 4) : W

29 다음 그래프에 알맞은 명령어는 무엇인가?

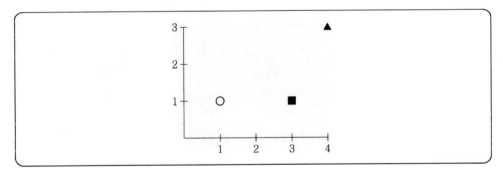

① W4/L3

   X(1, 1) : W, Y(3, 4) : B, Z(1, 3) : B

② W4/L3

   X(1, 1) : W, Y(4, 3) : B, Z(3, 1) : B

③ W3/L4

   X(1, 1) : W, Y(3, 4) : B, Z(1, 3) : B

④ W3/L4

   X(1, 1) : W, Y(4, 3) : B, Z(3, 1) : B

예시의 그래프를 분석하면 W는 가로축(Width), L은 세로축(Length)의 눈금수이다. X, Y, Z는 그래프 내의 도형 ○, △, □를 지칭하며, 괄호 안의 수는 도형의 가로세로 좌표이다. 좌표 뒤의 B, W는 도형의 색깔로 각각 Black(검정색), White(하얀색)를 의미한다.

주어진 그래프의 가로축 눈금은 4, 세로축 눈금은 3이므로 W4/L3이며, 둥근 도형의 좌표는 X(1, 1) : W, 세모 도형의 좌표는 Y(4, 3) : B, 네모 도형의 좌표는 Z(3, 3) : B이다.

∴ W3/L4

   X(1, 1) : W, Y(4, 3) : B, Z(3, 1) : B

30 다음 그래프에 알맞은 명령어는 무엇인가?

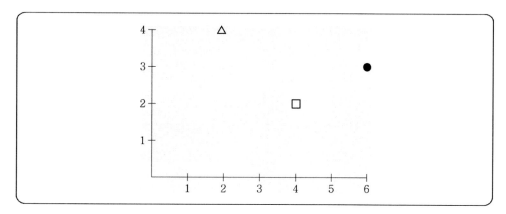

① W4/L6

   X(3, 6) : B, Y(4, 2) : W, Z(2, 4) : W

② W4/L6

   X(6, 3) : B, Y(2, 4) : W, Z(4, 2) : W

③ W6/L4

   X(3, 6) : B, Y(4, 2) : W, Z(2, 4) : W

④ W6/L4

   X(6, 3) : B, Y(2, 4) : W, Z(4, 2) : W

 주어진 그래프의 가로축 눈금은 6, 세로축 눈금은 4이므로 W6/L4이며, 둥근 도형의 좌표는 X(6, 3) : B, 세모 도형의 좌표는 Y(2, 4) : W, 네모 도형의 좌표는 Z(4, 2) : W이다.

∴ W6/L4

   X(6, 3) : B, Y(2, 4) : W, Z(4, 2) : W

Answer → 29.② 30.④

31 W4/L4 X(1, 1) : W, Y(4, 2) : W, Z(2, 4) : B의 그래프를 산출할 때, 오류가 발생하여 아래와 같은 그래프가 산출되었다. 다음 중 오류가 발생한 값은?

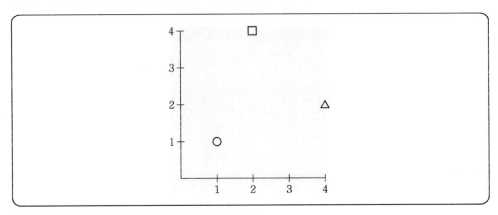

① W4/L4

② X(1, 1) : W

③ Y(4, 2) : W

④ Z(2, 4) : B

 네모 도형 Z(2, 4) : B에서 오류가 발생하였다. B이므로 네모 도형은 검은색이어야 한다. 옳게 산출된 그래프는 다음과 같다.

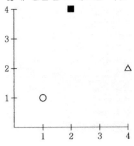

32 W5/L5 X(4, 4) : B, Y(3, 2) : W, Z(1, 5) : B의 그래프를 산출할 때, 오류가 발생하여 아래와 같은 그래프가 산출되었다. 다음 중 오류가 발생한 값은?

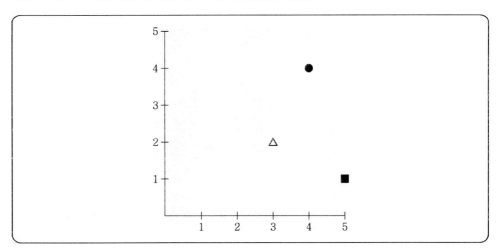

① W5/L5

② X(4, 4) : B

③ Y(3, 2) : W

④ Z(1, 5) : B

 Z(1, 5) : B에서 오류가 발생했다. 좌표(1, 5)가 아닌 (5, 1)에 산출되었다. 옳게 산출된 그래프는 다음과 같다.

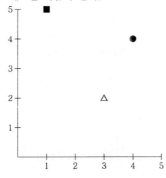

Answer⟶ 31.④ 32.④

┃33~36┃ 다음은 그래프 구성 명령어 실행 예시이다. 다음 물음에 답하시오.

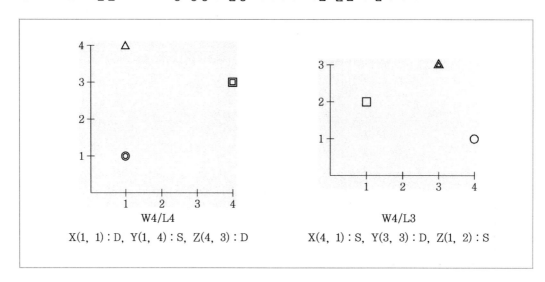

W4/L4

X(1, 1) : D, Y(1, 4) : S, Z(4, 3) : D

W4/L3

X(4, 1) : S, Y(3, 3) : D, Z(1, 2) : S

33 다음 그래프에 알맞은 명령어는 무엇인가?

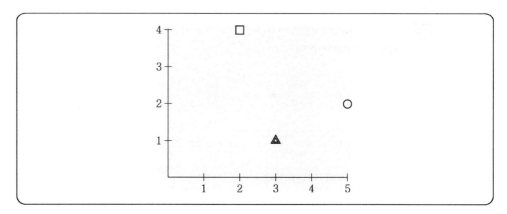

① W5/L4

　X(2, 5) : S, Y(1, 3) : D, Z(4, 2) : S

② W5/L4

　X(5, 2) : S, Y(3, 1) : D, Z(2, 4) : S

③ W4/L5

　X(2, 5) : S, Y(1, 3) : D, Z(4, 2) : S

④ W4/L5

　X(5, 2) : S, Y(3, 1) : D, Z(2, 4) : S

예시의 그래프를 분석하면 W는 가로축(Width), L은 세로축(Length)의 눈금수이다. X, Y, Z는 그래프 내의 도형 ○, △, □를 지칭하며, 괄호 안의 수는 도형의 가로세로 좌표이다. 좌표 뒤의 S, D는 도형의 모양으로 각각 Single(도형 한 개), Double(도형 두 개)을 의미한다.

주어진 그래프의 가로축 눈금은 5, 세로축 눈금은 4이므로 W5/L4이며, 둥근 도형의 좌표는 X(5, 2) : S, 세모 도형의 좌표는 Y(3, 1) : D, 네모 도형의 좌표는 Z(2, 4) : S이다.

∴ W5/L4

　　X(5, 2) : S, Y(3, 1) : D, Z(2, 4) : S

34 다음 그래프에 알맞은 명령어는 무엇인가?

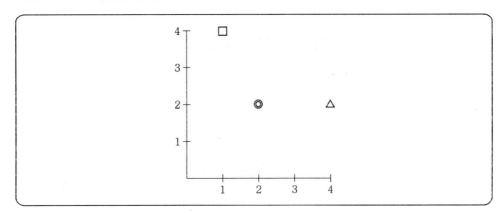

① W4/L4

　　X(2, 2) : S, Y(2, 4) : D, Z(4, 1) : D

② W4/L4

　　X(2, 2) : D, Y(2, 4) : S, Z(4, 1) : S

③ W4/L4

　　X(2, 2) : S, Y(4, 2) : D, Z(1, 4) : D

④ W4/L4

　　X(2, 2) : D, Y(4, 2) : S, Z(1, 4) : S

 주어진 그래프의 가로축 눈금은 4, 세로축 눈금은 4이므로 W4/L4이며, 둥근 도형의 좌표는 X(2, 2) : D, 세모 도형의 좌표는 Y(4, 2) : S, 네모 도형의 좌표는 Z(1, 4) : S이다.

∴ W4/L4

　　X(2, 2) : D, Y(4, 2) : S, Z(1, 4) : S

Answer ⟶ 33.② 34.④

35 W4/L5 X(3, 2) : D, Y(2, 4) : S, Z(3, 5) : D의 그래프를 산출할 때, 오류가 발생하여 아래와 같은 그래프가 산출되었다. 다음 중 오류가 발생한 값을 모두 고른 것은?

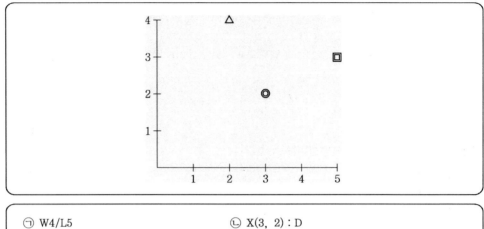

㉠ W4/L5	㉡ X(3, 2) : D
㉢ Y(2, 4) : S	㉣ Z(3, 5) : D

① ㉠㉡

② ㉠㉣

③ ㉡㉢

④ ㉡㉣

 W4/L5는 W5/L4로, Z(3, 5) : D는 Z(5, 3) : D로 잘못 산출되었다. 옳게 산출된 그래프는 다음과 같다.

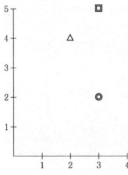

36 W4/L4 X(4, 1) : S, Y(3, 3) : S, Z(1, 2) : S의 그래프를 산출할 때, 오류가 발생하여 아래와 같은 그래프가 산출되었다. 다음 중 오류가 발생한 값을 모두 고른 것은?

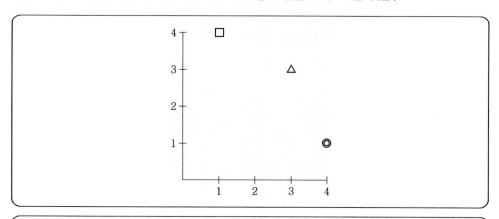

㉠ W4/L4	㉡ X(4, 1) : S
㉢ Y(3, 3) : S	㉣ Z(1, 2) : S

① ㉠㉡

② ㉠㉢

③ ㉡㉢

④ ㉡㉣

 X(4, 1) : S는 X(4, 1) : D로, Z(1, 2) : S는 Z(1, 4) : S로 잘못 산출되었다. 옳게 산출된 그 래프는 다음과 같다.

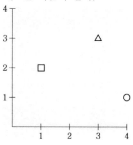

Answer → 35.② 36.④

다음은 그래프 구성 명령의 실행 예시이다. 이를 참고하여 다음의 물음에 답하시오.

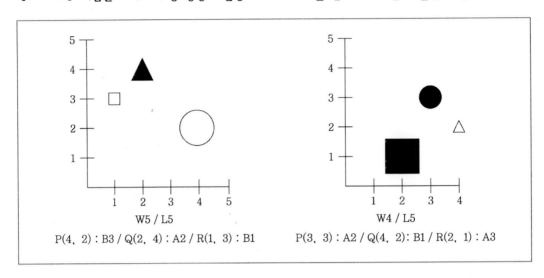

W5 / L5
P(4, 2) : B3 / Q(2, 4) : A2 / R(1, 3) : B1

W4 / L5
P(3, 3) : A2 / Q(4, 2): B1 / R(2, 1) : A3

37 다음 그래프에 알맞은 명령어를 바르게 고른 것은?

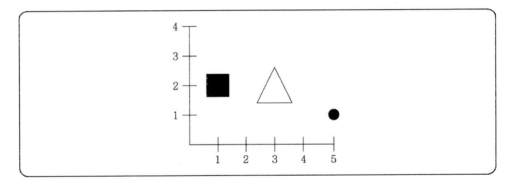

① W4/L4

　P(5, 1) : A1 / Q(3, 2) : B3 / R(1, 2) : A2

② W5/L4

　P(5, 1) : A1 / Q(3, 2) : B3 / R(1, 2) : A2

③ W4/L4

　P(5, 1) : A3 / Q(3, 2) : B1 / R(1, 2) : A2

④ W5/L4

　P(5, 1) : A3 / Q(3, 2) : B1 / R(1, 2) : A2

> (Tip) P : 동그라미, Q : 삼각형, R : 사각형, A : 색칠된 경우, B : 색칠 안 된 경우
> 이를 적용하여 좌표를 구하면 된다.

38 W4 / L5 P(1, 3) : B2, Q(2, 1) : A2, R(3, 4) : B3의 그래프를 산출할 때 오류가 발생하여 아래와 같은 그래프가 산출되었다. 다음 중 오류가 발생한 값은?

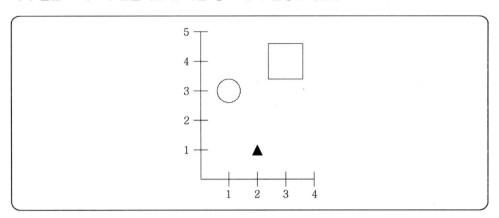

① W4 / L5

② P(1, 3) : B2

③ Q(2, 1) : A2

④ R(3, 4) : B3

  W4 / L5 P(1, 3) : B2, Q(2, 1) : A1, R(3, 4) : B3

┃39~40┃ 다음은 그래프 구성 명령의 실행 예시이다. 이를 참고하여 다음의 물음에 답하시오.

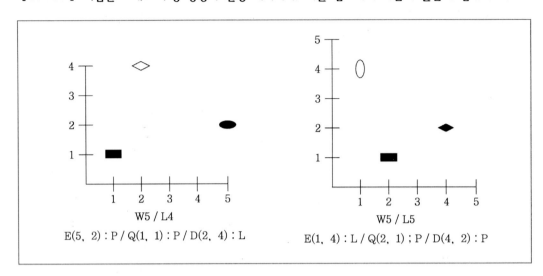

W5 / L4

E(5, 2) : P / Q(1, 1) : P / D(2, 4) : L

W5 / L5

E(1, 4) : L / Q(2, 1) ; P / D(4, 2) : P

39 다음 그래프에 알맞은 명령어는 무엇인가?

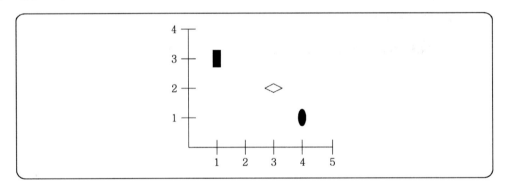

① W4 / L4

    Q(1, 3) : L / E(4, 1) : P / D(3, 2) : P

② W5 / L4

    Q(1, 3) : L / E(4, 1) : P / D(3, 2) : P

③ W4 / L4

    Q(1, 3) : P / E(4, 1) : P / D(3, 2) : L

④ W5 / L4

    Q(1, 3) : P / E(4, 1) : P / D(3, 2) : L

     W5 / L4

    Q(1, 3) : P / E(4, 1) : P / D(3, 2) : L

40 W6 / L5 Q(5, 1) : P / E(4, 5) : P / D(2, 3) : L의 그래프를 산출할 때, 오류가 발생하여 다음과 같은 그래프가 산출되었다. 다음 중 오류가 발생한 값은?

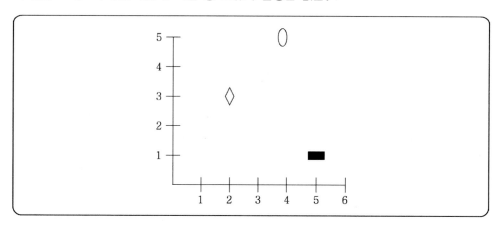

① W6 / L5

② Q(5, 1) : P

③ E(4, 5) : P

④ D(2, 3) : L

 W6 / L5
Q(5, 1) : P / E(4, 5) : L / D(2, 3) : L

1 소상공인들의 카드 결제 수수료 부담을 없앤다는 취지를 담아 고안된 것으로 카드가 아닌 스마트폰 결제앱을 통해 거래하는 방식을 의미하는 것은?

① 카카오페이 ② 제로페이

③ 위젯페이 ④ 애플페이

 제로페이 … 박원순 서울시장이 도입을 추진중인 소상공인 간편결제 시스템으로 서울시장 선거 공약에서 '서울페이'라고 불렀던 결제 시스템을 새로 이름 붙인 것으로 2018년 7월 25일 구체안이 발표되었다.

제로페이는 소상공인들의 카드 결제 수수료 부담을 없앤다는 취지를 담아 고안된 것으로 카드가 아닌 스마트폰 결제앱을 통해 거래하는 방식이다.

소상공인에게 결제 수수료 0%를 보장하면서도, 민간 결제 플랫폼업체들이 손쉽게 가맹점을 확보할 수 있는 공동 QR코드를 도입해 오프라인 결제 플랫폼의 확산과 경쟁을 유도한다는 점이다. 서울시는 여기에 소비자에게 소득공제율 40% 혜택 등을 제공할 예정이다.

2 세계적으로 코로나19 감염병이 대유행하는 상태에 완전한 종식보다는 공존을 향한 방향으로 전환하는 과정을 의미하는 용어는?

① 팬데믹 ② 위드 코로나

③ 포스트 코로나 ④ 셧다운

 위드 코로나는 코로나19의 종식이 아닌 공존을 준비해야하는 것을 의미한다.

3 전 국가별로 트래블 버블이 시작되면서 도입하고 있는 백신여권으로 적절하지 않은 것은?

① 그린패스(Green Pass) ② 엑셀시어 패스(Excelsior Pass)

③ 디지털헬스 패스 ④ 국제여행 건강증명서

 디지털헬스 패스(Digital Health Pass)는 KT와 대한요양병원협회와 업무협약을 체결하여 진행하는 출입 인증서비스로 안전하게 병원, 다중이용시설 등에 출입을 관리하기 위한 플랫폼이다.
① 그린패스(Green Pass) : 이스라엘의 백신여권이다.
② 엑셀시어 패스(Excelsior Pass) : 미국 뉴욕의 백신여권이다.
④ 국제여행 건강증명서(國際旅行 健康證明書) : 중국의 백신여권이다.

4 고위공직자 및 그 가족의 비리를 중점적으로 수사 · 기소할 수 있는 독립기관은?

① 지급지시전달처 ② 패스트 트랙

③ 검경 수사권 조정처 ④ 고위공직자범죄수사처

 고위공직자 및 그 가족의 비리를 중점적으로 수사 · 기소하는 독립기관으로, '공수처'라고도 한다. 2019년 12월 30일 '고위공직자범죄수사처 설치 및 운영에 관한 법률안(공수처법)'이 국회 본회의를 통과하고, 2020년 1월 7일 국무회의를 통해 공포되었다.

5 '격리'를 뜻하는 영어 단어와 '경제'를 뜻하는 영어 단어를 합성한 말로, 코로나19에 따른 격리 및 봉쇄 조치 이후 변화된 경제상을 뜻하는 신조어는?

① 제론토크라시 ② 언택트 마케팅

③ 홈코노미 ④ 큐코노미

 큐코노미는 '격리'를 뜻하는 영어 단어 'Quarantine'의 앞글자 Q에 'Economy(이코노미, 경제)'를 합성한 말로, 코로나19에 따른 격리 및 봉쇄 조치 이후 변화된 경제상을 뜻하는 신조어이다. 격리를 뜻하는 영어 단어 'Quarantine'의 앞글자 Q에 Economy(이코노미, 경제)를 합성한 말로, '격리 · 방역경제'라는 뜻을 담고 있는 신조어이다. 즉, 큐코노미는 코로나19 확산에 따른 격리 및 봉쇄 조치 이후 전망되는 경제의 변화상을 나타낸다.

Answer ⟶ 1.② 2.② 3.③ 4.④ 5.④

6 다음 내용을 읽고 괄호 안에 들어갈 말로 가장 적절한 것을 고르면?

> 국민경제 내에서 자산의 증가에 쓰인 모든 재화는 고정자산과 재고자산으로 구분되는
> 데 전자를 국내 총고정자본형성 또는 고정투자, 후자를 재고증감 또는 재고투자라 하며
> 이들의 합계를 (   )이라 한다.

① 국내총투자율   ② 국내총생산

③ 국내신용   ④ 국내공급물가지수

 국내총투자율(Gross Domestic Investment Ratio)은 국민경제가 구매한 재화 중에서 자산
의 증가로 나타난 부분이 국민총처분가능소득에서 차지하는 비율을 의미한다.

7 다음 내용을 읽고 괄호 안에 들어갈 말로 가장 적절한 것을 고르면?

> (   )을/를 시행하게 되면 환율 변동에 따른 충격을 완화하고 거시경제정책의 자율성
> 을 어느 정도 확보할 수 있다는 장점이 있다. 하지만 특정 수준의 환율을 지속적으로 유
> 지하기 위해서는 정부나 중앙은행이 재정정책과 통화정책을 실시하는 데 있어 국제수지
> 균형을 먼저 고려해야하는 제약이 따르고 불가피하게 자본이동을 제한해야 한다.

① 고통지수   ② 자유변동환율제도

③ 고정환율제도   ④ 고정자본소모

 고정환율제도는 외환의 시세 변동을 반영하지 않고 환율을 일정 수준으로 유지하는 환율
제도를 의미한다. 이 제도는 경제의 기초여건이 악화되거나 대외 불균형이 지속되면 환투
기공격에 쉽게 노출되는 단점이 있다.

8 무한책임사원 2인 이상으로만 구성되는 일원적 조직의 회사는?

① 합명회사   ② 한계기업

③ 합자회사   ④ 화웨이

 합명회사는 무한책임사원이 사업 경영을, 유한책임사원은 자본을 제공하여 사업에서 생기는 이익 분배에 참여한다.
② 한계기업 : 미래 경쟁력을 상실하여 앞으로의 성장이 어려운 기업
③ 합자회사 : 무한책임사원과 유한책임사원으로 구성된 회사
④ 화웨이 : 1988년 런정페이가 설립한 중국 최대의 네트워크 및 통신 장비 공급업체

9 다음 중 우리나라 GDP에 영향을 주지 않는 것은?

① 전기가스 비용

② 미국 텍사스에 위치한 국내 기업의 제조공장

③ 외국 유명 대기업의 한국지사 제조공장

④ 건강보험료

 국내에서 이뤄지는 활동을 통한 비용만 GDP에 영향을 준다. 우리나리에 위치하는 농림어업, 제조업, 광공업, 전기가스 수도업, 건설업, 서비스업, 세금 등은 GDP에 영향을 준다.

Answer ⌐→ 6.①   7.③   8.①   9.②

10 동일한 상품에 여성이 남성보다 더 높은 가격을 지불하는 현상을 의미하는 용어는?

① 블루택스   ② 핑크택스

③ 실버택스   ④ 화이트택스

 핑크택스 … 같은 상품이라도 여성용이라는 타이틀이 붙으면 좀 더 비싸지는 현상을 지칭하는 용어로 기업들이 여성용 제품에 분홍색을 주로 사용해 붙여진 명칭이다. 실제로 뉴욕시 소비자보호원이 2015년 24개의 온·오프라인 소매점에서 판매되는 800개 제품의 남녀용 가격 차이를 조사한 결과, 여성용이 비싼 제품은 42%로 나타난 반면 남성용이 비싼 제품은 18%에 불과했다. 또 여성용 또는 소녀용 제품은 유사한 남성용, 소년용 제품보다 평균 7% 비싼 것으로 조사되었다.

11 간단한 지식이나 정보조차도 스스로 찾아보지 않고, 다른 이들에게 물어 그 지식을 습득하려는 사람들을 가리키는 용어는?

① 니트족   ② 딩크족

③ 핑프족   ④ 딩펫족

 핑프족 … '핑거 프린세스(finger princess)' 또는 '핑거 프린스(finger prince)'를 줄인 말로, 간단한 정보조차 자신이 직접 찾아보려 노력하지 않고, 인터넷이나 주변 인물들에게 무작정 물어보는 사람들을 가리킨다.

전문가들은 핑프족들이 늘어나는 이유에 대해 인터넷의 빠른 발달을 하나의 원인으로 지적한다. 즉, 인터넷 등을 통한 정보 습득이 쉬워지나 보니, 지식을 습득하는 방식이 점차 수동적으로 변해간다는 것이다.

12 스마트폰의 대중화에 따라 모바일 정보를 생활화하는 현대인을 일컫는 신조어는?

① 호모디카투스   ② 호모헌드레드

③ 호모텔레포니쿠스   ④ 호모모빌리스

 호모모빌리스 … 스마트폰의 대중화로 모바일 정보가 생활화된 현대인을 가리키는 신조어이다. PC와 같은 성능을 갖춘 스마트폰으로 이용자들은 공간의 제약을 극복하는 동시에 실시간 소통, 정보 소통의 무한확장을 실현하게 되었다. 그 결과 강력한 정보력과 네트워크 파워를 가진 모바일 세대인 호모모빌리스가 등장하게 되었다.

13 첨단 디지털기기에 익숙한 나머지 뇌가 현실에 무감각 또는 무기력해지는 현상을 의미하는 용어는?

① 디지털 노마드   ② 디지털 코쿠닝
③ 팝콘 브레인   ④ 사이버 불링

 팝콘 브레인 … 즉각적인 반응이 나타나는 첨단 디지털기기에 몰두하게 되면서 현실 적용에는 둔감한 반응을 보이도록 변형된 뇌구조를 일컫는다. 실제 인터넷 장시간 사용자의 뇌를 촬영한 MRI 영상 분석한 결과 인간의 뇌에서 생각 중추를 담당하는 회백질의 크기가 줄어든 것으로 조사돼 우려를 낳고 있다. 이는 팝콘처럼 곧바로 튀어 오르는 것처럼 즉각적인 현상에만 반응할 뿐 다른 사람의 감정 또는 느리고 무던하게 변화하는 현실에는 무감각하게 된다는 의미이다. 특히 성능이 뛰어나고 멀티태스킹이 가능한 노트북과 스마트폰의 급속한 보급으로 언제 어디서나 컴퓨터 및 인터넷 사용이 가능해 지면서 확산되고 있는 현상으로, 스마트폰의 폐해의 하나로 지목되고 있다. 매일 습관처럼 컴퓨터 및 스마트폰 등 각종 디지털기기를 손에서 놓지 못하고 트위터·페이스북을 하거나, 가족이나 주변인들과 함께하는 시간보다 스마트폰을 하는 것이 더 좋은 경우, 수시로 이메일 체크를 하지 않으면 불안한 경우 등이 해당된다.

14 인터넷상의 컴퓨터 주소인 도메인을 투기나 판매 목적으로 선점하는 행위를 무엇이라 하는가?

① 사이버리터러시   ② 사이버스쿼팅
③ 사이버슬래킹   ④ 사이버사이니지

 사이버스쿼팅 … 우리말로는 인터넷 주소 선점과 도메인 불법점유, 도메인 투기 행위, 도메인 선점 등으로 다양하게 번역되는데, 보통 도메인 선점이나 불법점유 정도로 해석한다. 곧 유명한 기업·단체·기관·조직 등의 이름과 같은 인터넷 주소를 투기나 판매 목적으로 선점하는 행위를 말한다. 도메인네임은 인터넷 사용자가 특정 웹사이트에 접속하기 위한 고유 명칭으로, 이용자가 기억하기 쉽거나 특정 기관 및 업체의 성격을 잘 나타내 주는 명칭이 전자상거래 등에 유리하다. 또한 도메인네임은 전 세계적으로 유일해야 하며, 먼저 등록한 자만이 사용할 수 있으므로, 사용하고자 하는 도메인네임이 사용되고 있을 경우 최초 등록자가 취소 또는 사용을 허락하여야만 한다. 이러한 점을 노리고 투기나 비싼 가격에 되팔 목적으로 관련 업체보다 먼저 도메인네임을 선점하는 것이다.

Answer ↪ 10.②   11.③   12.④   13.③   14.②

15 외교적으로 공동의 정책목표를 달성하기 위해 꼭 필요한 동반자라는 의미를 가진 말로 2010년 G20 정상회의에서 한미동맹을 여기에 비유하였다. 마차나 수레, 자동차의 바퀴가 빠지는 것을 방지하기 위해 축에 꽂는 핀을 가리키는 이것은 무엇인가?

① 메세나   ② 린치핀

③ 브로보노   ④ 뉴스타트

 린치핀 … 수레 등의 바퀴가 빠지지 않도록 축에 꽂는 핀으로, 핵심이나 구심점이라는 뜻을 담고 있다. 외교적으로는 '공동의 정책 목표를 달성하는 데 꼭 필요한 동반자'라는 의미로 쓰인다.

과거 미국은 린치핀이라는 용어를 미·일 동맹에 사용해왔지만, 오바마 미국 대통령은 2010년 이후 한·미 동맹을 린치핀에 비유하고 있다. 오바마는 2010년 6월 캐나다 토론토에서 열린 G20(주요 20개국) 정상회의에서 "한·미 동맹은 한국과 미국뿐 아니라 태평양 전체 안보의 린치핀"이라고 말했으며, 같은 해 10월 힐러리 클린턴 당시 국무장관은 한술 더 떠 "한·미 동맹은 린치핀 그 이상"이라고 강조했다.

16 대학생, 신혼부부, 사회초년생 등 젊은 층의 주거안정을 위해 직장과 학교가 가까운 곳이나 대중교통 이용이 편리한 곳에 건설하여 주변시세 보다 20~40% 이상 저렴한 임대료로 공급하는 공공임대주택은 무엇인가?

① 임대주택   ② 행복주택

③ 청약주택   ④ 영단주택

 행복주택 … 행복주택은 대학생, 신혼부부, 사회초년생 등 젊은 층의 주거안정을 위해 직장과 학교가 가까운 곳이나 대중교통 이용이 편리한 곳에 건설하여 주변시세 보다 20 ~ 40% 이상 저렴한 임대료로 공급하는 공공임대주택이다. 행복주택에는 그동안 주거복지 혜택에서 소외되었던 젊은층이 80% 입주하게 되고 나머지 20%는 노인·취약계층에게 공급을 하며 2017년까지 총 15만호(사업승인 기준)를 전국적으로 차질 없이 공급될 예정이다. 행복주택은 규모, 지역여건 등을 고려해서 지자체와 협의하여 국·공립어린이집, 작은 도서관 등 지역에서 필요한 다양한 주민편의시설도 함께 설치되고 있다.

17 남성들이 외모에 과도하게 집착하여 나타나는 강박관념 또는 우울증을 의미하는 것은?

① 아담 증후군　　　　　　　　② 살리에리 증후군

③ 도리안 그레이 증후군　　　　④ 아도니스 증후군

① 중장년 이후 남성의 남성호르몬 분비가 줄어들면서 생기는 각종 증상을 통틀어 일컫는 의학 용어이다.
② 주변의 뛰어난 인물 때문에 느끼는 열등감, 시기, 질투심 등의 증상으로, 주변의 자신과 비슷하거나 같은 직종에 근무하는 사람들에게 열등감을 느낀 나머지 자신이 그들을 앞설 힘이 없으며 조력자로서 활약할 수밖에 없다는 생각을 가지게 된다.
③ 자신의 겉모습이나 육체에 근거한 극단적인 자존심에서 비롯된 사회·문화적인 현상을 말한다. 쉽게 말해 나이가 들고 늙어가는 것을 견디지 못하는 정신질환이라 할 수 있다.
④ 외모를 중시하는 사회풍조에 따라 타인에게 인정받고 매력 있는 사람이 되기 위해 남성들도 외모에 관심을 갖게 되면서 나타난 현상으로, 아도니스 증후군이 있는 남성은 외모에 집착한 나머지 자신보다 잘생긴 사람을 보면 질투와 부러움에 두통을 겪기도 한다. 외모지상주의를 추구하는 현대 사회에서는 이러한 현상이 사회적 신드롬으로 나타나고 있을 정도로 심각한 파장을 일으키고 있다.

18 정보의 비대칭성으로 인하여 겉은 멀쩡해 보이지만 실제로는 문제가 많은 중고차를 살 가능성이 높아지는 것을 우려하여 미국인들이 중고차 시장을 빗대어 표현하는 용어로 저급품만이 유통되는 시장을 이르는 말은?

① 피치 마켓　　　　　　　　　② 레몬 마켓

③ 체리 마켓　　　　　　　　　④ 오렌지 마켓

레몬 마켓 … 시고 맛없는 과일인 레몬 밖에 널려 있지 않는 시장이란 의미로, 미국인들이 중고차 시장을 빗대어 표현하면서 생긴 용어이다. 판매자보다 제품에 대한 정보가 적은 소비자(정보의 비대칭성)들이 속아서 살 가능성을 우려해 싼값만 지불하려 하고, 이로 인해 저급품만이 유통되는 시장을 말한다. 이처럼 불량품이 넘치게 되면서 결과적으로 소비자도 외면하게 되는 시장이 된다는 것이다. 레몬은 미국 속어로 불량품을 의미하며, 경제 분야에서는 쓸모없는 재화나 서비스가 거래되는 시장을 지칭한다.

Answer ⤷ 15.② 16.② 17.④ 18.②

19 영국 유명 추리소설 작품인 '셜록홈즈' 시리즈 중 '글로리아 스콧(The Gloria Scott)'에 나오는 대사에서 유래한 것으로, 사건을 해결할 때 나오는 결정적 증거를 일컫는 말은?

① 리니언시   ② 스모킹 건

③ 플리바게닝   ④ 매니페스토

 스모킹 건 … 영국 유명 추리소설 작가 아서 코난 도일(Arthur Conan Doyle)의 작품인 '셜록홈즈' 시리즈 중 '글로리아 스콧(The Gloria Scott)'에 나오는 대사에서 유래했다. 소설 속 살해현장에서 해당 사건에 대해 언급된 말로, '그 목사는 연기 나는 총을 손에 들고 서 있었다(the chaplain stood with a smoking pistol in his hand).'라며 목사가 살해범으로 지명된 것이다. 소설에서는 '연기 나는 총(smoking pistol)'이라는 표현을 사용했으나, 이후 표현이 바뀌어 지금의 스모킹 건으로 쓰이고 있다.

20 소액이지만 장기적으로 투자하면 큰 효과를 볼 수 있다는 의미를 가진 것은?

① 스파게티볼 효과   ② 카페라테 효과

③ 스놉효과   ④ 브래들리 효과

 카페라테 효과 … 하루 카페라테 한 잔 값의 돈을 절약해 꾸준히 모으면 목돈을 만들 수 있다는 의미의 조어로, 소액이지만 장기적으로 투자하면 큰 효과를 볼 수 있다는 의미로 꾸준히 저축하는 습관을 장려하는 용어이다. 약 4,000원 정도 하는 카페라테 한 잔 값 정도의 돈을 꾸준히 모으면 한 달에 12만 원을 절약할 수 있고, 이를 30년간 지속하면 물가상승률, 이자 등을 감안해 목돈을 약 2억 원까지 마련할 수 있다는 것이다.

21 독립했지만 높은 전세가와 육아 문제 등으로 부모의 곁으로 다시 돌아가는 사람을 지칭하는 용어는?

① 니트족   ② 캥거루족

③ 리터루족   ④ 빨대족

 리터루족 … '돌아가다(return)'와 '캥거루족'의 합성어로 결혼 후 독립했다가 전세난과 육아 문제 등으로 부모 집으로 다시 돌아가는 사람들을 가리킨다.

22 기존 호봉제와 달리 입사 순서가 아닌 능력에 따라 급여를 결정하는 방식. 즉, 임금을 근속 연수와 직급의 기준이 아닌 한 해 개인별 성과에 따라 차등을 두는 제도는?

① 성과연봉제 　　　　　　　　　② 호봉제

③ 임금피크제 　　　　　　　　　④ 포괄연봉제

 직원들의 업무능력 및 성과를 등급별로 평가해 임금에 차등을 두는 제도를 성과연봉제라고 한다.

23 만 36개월 이하 영아에 대한 보육 체계를 하루 12시간까지 이용할 수 있는 '종일반'과 하루 최대 6시간 이용이 가능한 '맞춤반'으로 이원화한 제도는 무엇인가?

① 맞춤형 보육제도 　　　　　　　② 영유아 보호제도

③ 시간제 보육제도 　　　　　　　④ 가정 보육제도

 맞춤형 보육제도의 대상 … 7 : 30 ~ 19 : 30까지 12시간 이용이 가능한 '종일반'은 맞벌이 가정이나 구직·돌봄 필요사유가 있는 가족이 대상이고, 9 : 00 ~ 15 : 00까지 이용가능한 '맞춤반'은 전업주부의 자녀가 주 대상이다.

24 다음 중 '규제비용총량제'에 대한 설명으로 옳지 않은 것은?

① 총 규제 건수를 기준으로 규제를 관리한다.

② 개정 법안에는 '원칙 허용·예외 금지', 즉 네거티브 규제 방식으로 우선 적용 대상에 시장 진입이나 사업 활동 제한 규제를 명시해 실효성을 높였다.

③ 규제를 신설할 때 그 비용과 동일한 비용의 기존 규제를 폐지해야 한다.

④ 영국식 '코스트 인·코스트 아웃(Cost-in, Cost-out)' 모델을 벤치마킹한 것이다.

 ① 건수를 기준으로 규제를 관리하는 것은 기존의 '규제총량제'다.

※ **규제비용총량제** … 새 규제를 만들 때 상응하는 비용의 기존 규제를 철폐하는 제도를 말한다. 만일 1억 원의 비용을 수반하는 규제를 신설한다면 동일한 비용이 발생하는 다른 규제를 없애서 비용의 합을 맞춰야 한다.

25 임금상승률과 실업률 사이에 있는 역의 상관관계를 나타내는 도표로 알맞은 것은?

① 필립스 곡선   ② 로렌츠 곡선

③ 엥겔 곡선   ④ 가격소비 곡선

 ② 로렌츠 곡선은 소득분포의 불평등 정도를 나타내는 곡선이다.
③ 엥겔 곡선은 소득 수준에 따라 특정 재화의 수요량이 어떻게 변하는지를 나타내는 곡선이다.
④ 가격소비 곡선은 가격이 소비에 미치는 효과를 알아보는 지표이다.

26 2016년 8월부터 구직급여 수급자도 최대 1년간 국민연금 가입기간이 보장되는 제도를 무엇이라 하는가?

① 그린크레딧   ② 직장크레딧

③ 실업크레딧   ④ 마이크로크레딧

 실업크레딧 … 구직급여 수급자가 실직기간에도 국민연금 보험료 납부를 희망할 경우 정부가 보험료의 75%를 지원하여 경제적 부담을 경감하고 국민연금 가입기간에 산입해 주는 제도

27 힘든 현실에 분노하여 적극적으로 투표에 나서는 유권자들을 부르는 용어는?

① 데드덕   ② 브로큰덕

③ 앵그리보터   ④ 스윙보터

 앵그리보터는 힘든 현실에 분노해 적극적으로 투표에 나서는 유권자들을 부르는 말이다.

28 서킷브레이커(circuit breakers)에 대한 설명으로 옳지 않은 것은?

① 뉴욕증권거래소에서 1987년 블랙먼데이라고 불리는 증시폭락 이후 최초로 도입되었다.

② 주가가 폭락하는 경우 거래를 정지시켜 시장을 진정시키는 목적으로 발동된다.

③ 하루 한 번만 발동할 수 있으며, 장 종료 30분 전에는 발동할 수 없다.

④ 서킷브레이커와 유사한 목적을 가지는 제도로 '사이드카' 제도가 있다.

③ 장 종료 40분 전인 2시 20분 이후에는 발동될 수 없다.
※ 사이드카 … 주식 시장의 미래 가격을 의미하는 선물지수가 급락할 경우 이로 인해 일어날 현물 시장의 혼란을 미연에 방지하기 위해 사이드카를 발동해 프로그램 매매호가의 효력을 일시 정지시킨다. 5분이 지나면 자동적으로 사이드카는 해제되고 매매체결은 다시 정상적으로 이뤄진다.

29 완제품 제조에 사용되는 소재, 부품, 장비 등 중간재 부분에서 중국산 제품의 비중이 증가하는 현상을 의미하는 용어는?

① 인사이드아웃 　　　　　　　② 인사이드케어
③ 차이나 인사이드 　　　　　　④ 큐로보 인사이드

 차이나 인사이드 … 완제품 제조에 사용되는 소재, 부품, 장비 등 중간재 부분에서 중국산 제품의 비중이 증가하는 현상을 의미한다.

30 컴퓨터의 성능을 향상시키기 위해 사용되는 소형 고속 기억장치를 무엇이라 하는가?

① Cache 　　　　　　　　　② Cookie
③ Proxy 　　　　　　　　　④ KSS

 ② Cookie(쿠키) : 인터넷 사이트를 방문하는 사람들의 컴퓨터로부터 사용자 정보를 얻어내기 위해 사용되는 것으로, ID와 비밀번호 등 네티즌 정보를 담은 임시파일
③ Proxy(프락시) : 인터넷상에서 한 번 요청한 데이터를 대용량 디스크에 저장해두고, 반복하여 요청하는 경우 디스크에 저장된 데이터를 제공해주는 서버
④ KSS : 실시간으로 업데이트된 정보를 제공하는 기술이자 규약

31 타인의 관심을 끌기 위해 실제로는 앓고 있는 병이 없는데도 아프다고 거짓말을 하거나 자해 등을 하는 정신질환을 무엇이라 하는가?

① 리플리 증후군 　　　　　　　② 오델로 증후군
③ 파랑새 증후군 　　　　　　　④ 뮌하우젠 증후군

 뮌하우젠 증후군(münchausen syndrome)은 병이 없는데도 다른 사람의 관심을 끌기 위해 아프다고 거짓말을 하거나 자해를 하는 일종의 정신질환이다. 어린 시절 과보호나 정신적 상처를 입은 사람에게서 발견된다. 일부 환자는 자신의 자녀나 애완동물을 '대리환자'로 학대를 일삼기도 한다.

Answer┌→ 25.① 26.③ 27.③ 28.③ 29.③ 30.① 31.④

32 영국 최고 권위를 자랑하는 문학상으로, 영연방 작가들이 영어로 쓴 소설들을 대상으로 수상작을 선정한다. 2005년에는 영연방 지역 이외의 작가가 쓴 소설을 대상으로 하는 인터내셔널 부문이 신설됐으며, 우리나라에서는 소설가 한강이 아시아인 최초로 〈채식주의자〉 소설로 수상한 바 있는 이 상의 명칭은?

① 맨부커상　　　　　　　　　　② 노벨문학상

③ 공쿠르상　　　　　　　　　　④ 애드거상

 지문의 내용은 맨부커상(Man Booker Prize)에 대한 내용이다.
　② **노벨문학상**(Nobel Prize in Literature) : 노벨상 6개 분야 중 하나로 이상적 방향으로 문학 분야에 뛰어난 기여를 한 사람에게 수여하는 상
　③ **공쿠르상**(Le Prix de Goncourt) : 프랑스의 작가 에드몽 공쿠르의 유언에 따라 1903년 제정된 프랑스 최고 권위의 문학상
　④ **애드거상**(Mystery Writers of America) : 미국의 추리작가클럽에서 애드거 앨런 포를 기념하여 매년 4월에 전년도의 최우수 작품에 주는 상

33 제품 판매와 기부를 연결하는 마케팅으로 지구 온난화로 생존환경을 위협받고 있는 북극곰을 돕자는 취지로 2011년 코카콜라가 시작한 캠페인, 미국 제약회사 헬프 레미디스가 반창고 신제품을 내놓으면서 골수 기증 프로그램 가입서를 첨부한 캠페인이 대표적이다. 이처럼 기업의 경영 활동과 사회적 이슈를 연계시키는 마케팅으로, 기업과 소비자의 관계를 통해 기업이 추구하는 사익(私益)과 사회가 추구하는 공익(公益)을 동시에 얻는 게 목표인 것은?

① 크리슈머 마케팅　　　　　　　② 앰부시 마케팅

③ 바이럴 마케팅　　　　　　　　④ 코즈마케팅

 코즈마케팅(Cause Marketing) … 기업의 대의명분(Cause)과 마케팅이 전략적으로 결합한다는 의미로 '코즈 연계 마케팅(Cause Related Marketing)'이라고도 한다. 우리나라에서는 CJ제일제당이 2012년 초부터 생수 제품인 '미네워터'를 구매하는 소비자들이 제품에 따로 마련된 기부용 바코드나 QR코드를 찍으면 아프리카 어린이들이 마시는 물을 정화하기 위한 작업에 드는 비용으로 100원을 기부하게 하는 사례가 있다.
　① **크리슈머 마케팅**(Consumer Marketing) : 크리슈머(Cresumer)는 창조를 뜻하는 크리에이티브(Creative)와 소비자라는 뜻의 컨슈머(Consumer)를 조합한 신조어로, 단순히 기존 제품을 사용하는 데 그치지 않고 제품에서 새로운 가치와 스토리를 찾아내는 소비자를 말하고 이를 타깃으로 하는 마케팅을 말한다.
　② **앰부시 마케팅**(Ambush Marketing) : 앰부시(ambush)는 '매복'을 뜻하는 말로, 앰부시 마케팅이란 스포츠 이벤트에서 공식적인 후원업체가 아니면서도 광고 문구 등을 통해 올림픽과 관련이 있는 업체라는 인상을 주어 고객의 시선을 끌어 모으는 판촉전략을 말한다.
　③ **바이럴 마케팅**(viral marketing) : 누리꾼이 이메일이나 다른 전파 가능한 매체를 통해 자발적으로 어떤 기업이나 기업의 제품을 홍보하기 위해 널리 퍼뜨리는 마케팅 기법이다.

34 새로운 대사나 공사 등 외교사절을 파견할 때 상대국에게 얻는 사전 동의를 무엇이라 하는가?

① 페르소나　　　　　　　　　　② 로그롤링
③ 아그레망　　　　　　　　　　④ 포크배럴

 아그레망은 특정 인물을 외교사절(대사, 공사, 대리대사 등)로 임명하기 전 상대국의 이의 유무를 조회하는 것이다. 즉 외교사절을 파견하고자 할 경우 그 파견 예정자의 임명에 대하여 상대국 정부로부터 아그레망을 얻어야 하는데, 이는 정식으로 임명된 외교사절을 상대국이 거절함으로써 국제분쟁이 일어나는 것을 미연에 방지하기 위한 제도이다. 보통 아그레망은 요청 후 20~30일이 경과한 후에 부여되는 것이 국제관례이며, 아그레망이 부여되면 외교사절은 국가원수로부터 신임장을 받는다.

35 앱을 다운받은 고객이 매장으로 들어오면 고주파음역대 파장으로 앱이 자동 실행돼 스마트폰으로 상품을 소개하는 전단지, 영수증, 할인쿠폰 등을 전송받을 수 있는 위치기반 서비스처럼 소비자가 온라인, 오프라인, 모바일 등 다양한 경로를 넘나들며 상품을 검색하고 구매할 수 있도록 한 서비스를 말하는 용어는?

① 쇼루밍　　　　　　　　　　② 클러스터
③ 셀렉트숍　　　　　　　　　　④ 옴니채널

 옴니채널(omni-channel) … '모든 것, 모든 방식' 등을 뜻하는 접두사 '옴니(omni)'와 유통경로를 뜻하는 '채널(channel)'이 합쳐진 신조어로 각 유통 채널의 특성을 결합해 어떤 채널에서든 같은 매장을 이용하는 것처럼 느낄 수 있도록 한 쇼핑 환경을 말한다.
① 쇼루밍(showrooming) : 매장에서 제품을 살펴본 뒤 실제 구매는 온라인 사이트 등 다른 유통 경로로 저렴한 가격에 하는 것처럼 오프라인 매장이 온라인 쇼핑몰의 전시장(showroom)으로 변하는 현상을 말한다.
② 클러스터 : 산업집적지를 뜻하는 용어로 유사 업종에서 다른 기능을 수행하는 기업, 기관들이 한 곳에 모여 있는 것을 말한다.
③ 셀렉트숍 : 한 매장에 2개 이상의 브랜드 제품을 모아 판매하는 유통 형태로 멀티숍 또는 편집숍이라고 한다.

Answer 32.① 33.④ 34.③ 35.④

36 4차 산업혁명과 관련 깊은 기술에 해당되지 않는 것은?

① IoT

② 클라우드 기술

③ DNS

④ 빅데이터 기술

 ③ DNS(Domain Name System)은 네트워크에서 도메인이나 호스트 이름을 숫자로 된 IP 주소로 해석해주는 TCP/IP 네트워크 서비스를 말한다. kr(한국), au(호주), ca(캐나다) 등과 같이 알파벳과 숫자 문자열로 구성된다.

① IoT(사물인터넷) : 생활 속에서 사용하는 물건들이 서로 인터넷으로 연결되어 정보를 주고 받을 수 있도록 하는 기술

② 클라우드 기술 : 인터넷상의 서버에 정보를 영구적으로 저장하고, 이 정보를 데스크톱·노트북·스마트폰 등을 이용해서 언제 어디서나 정보를 사용할 수 있는 컴퓨팅 환경이 가능하도록 하는 기술

④ 빅데이터 기술 : 방대한 양의 데이터 중 필요한 데이터만 추출하여 새로운 분야에 활용되도록 하는 기술

37 1명의 자녀를 위해 부모, 친조부모, 외조부모 등 6명의 어른들이 모두 주머니에서 돈을 꺼낸다는 의미의 용어는 무엇인가?

① 골드 포켓

② 세븐 포켓

③ 식스 포켓

④ 에잇 포켓

 식스 포켓(six pocket) … 1명의 자녀를 위해 부모와 친조부모, 외조부모 등 6명의 어른들이 모두 주머니에서 돈을 꺼낸다는 의미로, 저출산과 고령화사회에 기인한 것으로 한 가구의 자녀가 1명 또는 2명으로 줄어들고 경제력 있는 조부모가 늘어나면서 귀한 손자, 손녀를 위해 지출을 아끼지 않게 된 것에서 비롯됐다. 여기에 수입이 많은 결혼하지 않은 이모, 고모 등도 포함되면서 골드 앤트, 세븐 포켓, 에잇 포켓 등의 용어도 등장하고 있다.

38 현재 자신의 행복을 가장 중시하고 소비하는 태도를 가진 사람들을 지칭하는 용어는?

① 혼행족

② 호텔족

③ 욜로족

④ 혼공족

 욜로(YOLO) … '인생은 한 번뿐이다'를 뜻하는 You Only Live Once의 앞 글자를 딴 용어로 현재 자신의 행복을 가장 중시하여 소비하는 태도를 말한다. 미래 또는 남을 위해 희생하지 않고 현재의 행복을 위해 소비하는 라이프스타일이다. 욜로족은 내 집 마련, 노후 준비보다 지금 당장 삶의 질을 높여줄 수 있는 취미생활, 자기계발 등에 돈을 아낌없이 쓴다. 이들의 소비는 단순히 물욕을 채우는 것을 넘어 자신의 이상을 실현하는 과정에 있다는 점에서 충동구매와 구별된다.

39 결혼을 앞둔 남녀들이 겪는 심리적인 불안감과 우울함을 지칭하는 용어는?

① 메리지 스냅   ② 메리지 블루

③ 메리지 컬러   ④ 메리지 블랑

 메리지 블루(Marriage Blue) … 일본 소설가 유이카와 게이(唯川惠)의 베스트셀러 소설 제목에서 유래된 단어로 곧 결혼을 앞둔 남녀가 과거에 대한 아쉬움과 미래에 대한 불안감 등으로 느끼는 우울감을 뜻한다. 이는 병적으로 심각한 우울증이 아닌 조금 심한 우울감이나 불안감 정도라 할 수 있다.

40 다음에서 설명하고 있는 이론은 무엇인가?

> 해안선이나 구릉 등 자연계의 복잡하고 불규칙적인 모양은 아무리 확대해도 미소 부분에는 전체와 같은 불규칙적인 모양이 나타나는 자기 상사성(相似性)을 가지고 있다는 이론이다. 어떤 복잡한 곡선도 미소 부분은 직선에 근사하다는 미분법의 생각을 부정했으며, 어디에서도 미분할 수 없는 곡선을 다루는 기하학, 컴퓨터 그래픽스에서는 이 이론을 바탕으로 실물에 매우 가까운 도형을 그릴 수 있게 되었다.

① 퍼지 이론(fuzzy set theory)

② 정보 이론(information theory)

③ 프랙탈 이론(fractal theory)

④ 카오스 이론(chaos thoery)

 ① 퍼지 이론 : 불분명한 상황에서 여러 문제들을 두뇌가 판단하는 과정에 대하여 수학적으로 접근하려는 이론
② 정보 이론 : 물리계 · 생체 또는 그 양자를 포함하는 계에서의 정보의 전달 및 처리에 관한 이론
④ 카오스 이론 : 겉으로는 불규칙적으로 보이면서도 나름대로 질서를 지니고 있는 현상들을 설명하려는 이론

Answer ┌→ 36.③ 37.③ 38.③ 39.② 40.③

41 매년 3월 미국 워싱턴 D.C.에서 연례 총회를 개최하고 있으며, 이 총회에는 이스라엘 총리는 물론 미국 대통령을 비롯하여 연방 의원들이 대거 참석한다. 오바마 대통령, 트럼프 대통령이 참석하여 직접 연설한 바 있다. 이스라엘에 유익한 일은 무조건 지지하며, 이를 실현하기 위해 미국 정부나 국회의원들에게 압력을 가하는 미국 내 유대인 최대의 로비단체는 무엇인가?

① GCI   ② AIPAC

③ UCLG   ④ IAEA

 지문은 AIPAC(American Israel Public Affairs Committee, 미국·이스라엘 공공정책협의회)에 대한 설명이다.
① GCI(Green Cross International, 국제녹십자) : 지구의 환경과 인류의 생존 보호를 목적으로 설립된 국제 비정부 환경단체이다.
③ UCLG(United Cites and Local Governments, 세계지방자치단체연합) : 전 세계 지방자치단체들을 대표하는 국제기구. 국제사회에서 지방자치단체들 간의 협력을 통한 단합된 목소리를 대변하고, 공동의 가치와 목표 및 이익을 국제사회에 대변하는 것을 목적으로 한다.
④ IAEA(International Atomic Energy Agency, 국제원자력기구) : 원자력의 평화적 이용을 위한 연구와 국제적인 공동관리를 위하여 설립된 국제기구이다.

42 부유층의 투자·소비 증가가 저소득층의 소득 증대로까지 영향을 미쳐 전체 국가적인 경기 부양효과로 나타나는 현상을 무엇이라 하는가?

① 분수효과   ② 낙수효과

③ 샤워효과   ④ 기저효과

 ① 저소득층의 소비 증대가 전체 경기를 부양시키는 현상으로 낙수효과의 반대이다. 부유층에 대한 세금은 늘리고 저소득층에 대한 복지정책 지원을 등재시켜야 한다는 주장이다. 저소득층에 대한 직접 지원을 늘리면 소비 증가를 가져올 것이고, 소비가 증가되면 생산투자로 이어지므로 이를 통해 경기를 부양시킬 수 있다는 것이다.
② 부유층의 투자·소비 증가가 저소득층의 소득 증대로까지 영향을 미쳐 전체 국가적인 경기부양효과로 나타나는 현상으로 대기업 및 부유층의 소득이 증대되면 더 많은 투자가 이루어져 경기가 부양되고, 전체 GDP가 증가하면 저소득층에게도 혜택이 돌아가 소득의 양극화가 해소된다는 것이다.
③ 위층에 고객을 유인하기 위해 마련된 이벤트가 아래층으로서의 고객을 유인하는 것으로 백화점 업계에서 자주 사용하는 용어로 샤워효과가 가지는 이미지는 폭포효과와 유사하지만 샤워효과가 가지는 의미는 백화점의 위층에 고객을 유인하려는 상품을 마련해 놓으면 고객이 자연스럽게 아래층으로 내려가며 다른 물건도 쇼핑을 하게 된다는 것으로 폭포효과가 가지는 의미와는 완전히 다르다.

④ 기준 시점의 상황이 현재 상황과 너무 큰 차이가 있어 결과가 왜곡되는 현상을 가리킨다. 후황기를 기준으로 현재의 경제 상황과 비교하면 경제지표는 실제보다 위축되게 나타나고, 불황기의 경제 상황을 기준시점으로 비교하면 경제지표가 실제보다 부풀려져 나타나게 되며, 반사효과라고도 한다.

43 PB브랜드에 관한 설명으로 옳지 않은 것은?

① 도소매업체와의 마찰을 회피할 수 있다.
② 브랜드 홍보 비용이 높고, 마진이 적다.
③ 자체적인 가격결정권을 갖는다.
④ PB상품의 확대로 NB상품의 매장 진입장벽이 상승한다.

 ② PB브랜드는 마케팅 비용 감소를 통한 가격경쟁력을 확보할 수 있는 것이 장점이다.

44 선택 장애 또는 결정 장애와 유사한 말로 음식 메뉴를 결정하는 것부터 결혼과 같은 대사를 치르는 과정에서 하나를 선택하지 못해 불안해하거나 초조해 하는 사람들의 심리를 무엇이라고 하는가?

① 햄릿 증후군   ② 놈코어
③ 파랑새 증후군   ④ 왝더독

 ② 놈코어: 이미 가지고 있는 아이템 활용으로 실용적이고 평범함을 추구하는 패션을 말한다.
③ 파랑새 증후군: 자신의 현재 일에는 별 흥미를 느끼지 못하고 장래의 막연한 행복만을 추구하는 현상을 말한다.
④ 왝더독: 덤이 제품 구매를 결정하는 중요한 요인으로 떠오른 최근의 소비 트렌드를 말한다.

Answer → 41.② 42.② 43.② 44.①

45 빠르고 짧은 시간 동안 새 제품이나 서비스를 만들고 출시 한 뒤 성과를 측정해 다음 제품 개선에 반영하는 것을 반복해 성공 확률을 높이는 경영 방법론을 뜻하는 것은 무엇인가?

① 린스타트업   ② 티저마케팅

③ 프리마케팅   ④ 란체스터 전략

 린스타트업(lean startup) … 미국 실리콘밸리의 벤처연구가 에릭리스가 개발한 개념이다. 모든 기업들이 직면한 극도의 불확실성을 극복하는 방법으로 생산적 실패를 거듭하면서 시장의 피드백에 맞춰서 테스트와 수정을 계속해 나가야 한다는 것이 전략의 핵심이다.
② 티저마케팅 : 제품이나 서비스의 정체를 밝히지 않음으로써 호기심을 자극하고 소비자로 하여금 자신과 주변 사람들에게 질문을 던지도록 유도하는 마케팅 기법
③ 프리마케팅 : 서비스와 제품을 무료로 제공하는 새로운 마케팅 기법
④ 란체스터 전략 : 영국의 항공공학 엔지니어인 란체스터가 제1차 세계대전을 계기로 고안한 역학관계의 두 가지 법칙을 응용한 기업경영전략

46 사소한 다수인 80%가 핵심적인 소수인 20%보다 뛰어난 가치를 창출한다는 이론을 무엇이라고 하는가?

① 파레토 법칙   ② 롱테일 법칙

③ 그레샴의 법칙   ④ 세이의 법칙

 롱테일 법칙(Long Tail theory) … 역파레토 법칙이라고 하며, 롱테일이라는 용어는 미국의 넷플릭스, 아마존 등의 특정 비즈니스 모델을 설명하기 위해 IT 잡지의 편집장인 크리스 앤더슨에 의해 명명되었다. '롱테일'은 판매곡선에서 불룩 솟아오른 머리 부분에 이어 길게 늘어지는 꼬리부분을 가리킨다. 그는 '인터넷 비즈니스에 성공한 기업들 상당수가 20%의 머리 부분이 아니라 80%의 꼬리부분을 기반으로 성공했다'고 주장했다.
① 파레토 법칙(Pareto's law) : 전체 결과의 80%가 전체 원인의 20%에서 일어나는 현상을 가리킨다.
③ 그레샴의 법칙(Gresham's law) : '악화(惡貨)가 양화(良貨)를 구축한다.'는 그레샴의 이론으로 실질가치가 서로 다른 두 가지 종류의 화폐(금화와 은화)가 동시에 유통될 경우, 실질가치가 우량한 화폐(금화)는 용해·저장·수축 등으로 유통계에서 자취를 감추고 악화(은화)만이 남아서 유통된다는 것이다.
④ 세이의 법칙(Say's law) : '공급은 그 스스로의 수요를 창조한다.'고 한 프랑스의 고전파 경제학자 세이의 시장 이론으로 공급이 이루어지면 자연적으로 그만큼의 수요가 생겨나므로 유효수요 부족에 따른 공급과잉이 발생하지 않는다는 법칙이다.

47 주식매입선택권으로 기업이 전문경영인이나 핵심기술자를 고용하면서 일정 기간 후 채용할 때의 약속한 가격으로 주식을 살 수 있도록 하는 제도는 무엇인가?

① 스톡옵션(stock option)
② 풋옵션(put option)
③ 스핀오프(spin-off)
④ 워크아웃(workout)

② 풋옵션(put option) : 일정한 실물 또는 금융자산을 약정된 기일이나 가격에 팔 수 있는 권리
③ 스핀오프(spin-off) : 정부출연연구기관의 연구원이 자신이 참여한 연구결과를 가지고 별도의 창업을 할 경우 정보보유의 기술을 사용한데 따른 로열티를 면제해 주는 제도
④ 워크아웃(workout) : 기업과 금융기관이 서로 합의해서 진행하는 기업가치 회생작업으로 구조조정을 통해 기업경쟁력을 강화시키는 것

48 다음 빈칸에 들어갈 단어는 무엇인가?

> 2013년 유튜브 월간 조회 수가 10억 명을 돌파하자 영국의 파이낸셜타임스는 2013년 3월 21일 유튜브의 성공은 (   ) 덕분이라고 말했다. 이들은 매일 최우선적으로 유튜브에 머물고, 개별 동영상들을 마치 TV쇼를 보듯 즐기고, 나이가 아니라 '연결된 행동(Connected Behavior)'을 통해 하나가 되고, 관심과 흥미가 비슷한 사람들끼리 모이고 원하는 콘텐츠를 찾는 특성이 있는데, 이게 유튜브 성공의 연료가 됐다는 분석이다.

① C세대
② T세대
③ BYOD족
④ @세대

C세대 … 접속(Connection), 창조(Creation), 커뮤니티(Community), 큐레이션(Curation) 네 단어에 공통적으로 들어가는 앞 글자 C를 딴 세대로, 2006년 구글 연구진이 처음 고안한 개념이다. 구글은 네 가지 C를 즐기는 세대들이 스마트폰, 태블릿PC 등과 같은 모바일 기기를 이용해 유튜브에 거주할 것이라고 말했다.
② T세대 : 터치 세대, 터치스크린 세대라고도 하는데 태어나면서부터 터치 기기에 익숙한 세대를 일컫는 말이다.
③ BYOD족 : BYOD(Bring Your Own Device)는 태블릿, 노트북, 스마트폰 등과 같은 디지털 기기를 지칭하라는 의미로, 자신이 구매한 모바일 기기로 회사 업무를 처리하는 사람들을 말한다.
④ @세대 : 인터넷 e-메일주소에 쓰인 @을 이용하여 만든 용어로, 첨단 정보산업시대에 뉴미디어의 사용이 일상화가 되어 버린 세대를 가리키며 1990년대 말에서 2000년대 초에 생겨난 말이다.

Answer → 45.① 46.② 47.① 48.①

49 다음에서 설명하고 있는 물질은 무엇인가?

> 탄소 원자가 벌집 모양의 육각형 형태로 연결된 2차원 평면 구조를 이루는 물질이다.
> 0.2나노미터의 두께로 물리 · 화학적으로 매우 안정적이고, 높은 전기적 특성을 활용한
> 초고속 반도체, 투명 전극을 활용한 휘는 디스플레이 등을 개발하는데 사용된다.

① 그래파이트
② 그래핀
③ 풀러렌
④ 탄소나노튜브

 그래핀(Graphene) … 흑연은 탄소들이 육각형 그물처럼 배열된 평면이 층으로 쌓여있는 구
조인데, 이 흑연의 한 층을 그래핀이라 한다. 0.2나노미터의 두께로 물리 · 화학적으로 매
우 안정적이다. 2004년 가임과 노보셀로프의 연구팀이 테이프를 이용하여 흑연에서 그래핀
을 떼어 내는 것에 성공하여 2010년 노벨 물리학상을 받았다. 그래핀은 높은 전기적 특성
을 활용한 초고속 반도체, 투명 전극을 활용한 휘는 디스플레이, 디스플레이만으로 작동하
는 컴퓨터, 높은 전도도를 이용한 고효율 태양전지 등으로 활용이 가능한데, 특히 구부릴
수 있는 디스플레이, 손목에 차는 컴퓨터나 전자 종이를 만들 수 있어서 미래의 신소재로
주목받고 있다.

50 광고와 홍보의 차이를 좁혀 소비자의 신뢰를 높이려는 새로운 광고형태로 소위 '기사형식
광고'라 불리는 것은?

① 인포모셜(informercial)
② R&D(Research and Development)
③ AI(Appreciation Index)
④ 애드버토리얼(advertorial)

 ④ 애드버토리얼은 advertisement(광고)와 editorial(편집기사)의 합성어로 신문광고나 잡
지광고에서 언뜻 보기에 편집 기사처럼 만들어진 논설 또는 사설 형식의 광고이다.

51 빈칸에 들어갈 용어를 순서대로 알맞게 나열한 것은?

> 　　일본의 경제평론가가 「한국의 붕괴」에서 처음 사용한 용어인 _____와는 반
> 대되는 모습으로 우리나라 산업이 나아갈 방향이 _____로 표현되고 있다. 이
> 는 핵심 부품 등의 수출에 대한 의존도를 낮추고 산업구조에 대한 자립도를 높여 궁극
> 적으로는 한국 산업이 발전하는 경제를 뜻한다.

① 펠리컨 경제, 가마우지 경제

② 왜가리 경제, 펠리컨 경제

③ 가마우지 경제, 펠리컨 경제

④ 가마우지 경제, 왜가리 경제

 가마우지 경제와 펠리컨 경제
　㉠ **가마우지 경제** : 핵심 부품과 소재를 일본에서 수입해 다른 나라에 수출하는 우리나라 산
　　업경제의 구조적 특성상 수출할수록 정작 이득은 일본에 돌아감을 뜻하는 용어이다. 이
　　는 가마우지 새의 목 아래를 끈으로 묶어두었다가 새가 먹이를 잡으면 끈을 당겨 먹이
　　를 삼키지 못하도록 하여 목에 걸린 고기를 가로채는 낚시방법에 빗댄 것이다.
　㉡ **펠리컨 경제** : 부리 주머니에 가득 담았던 먹이를 새끼에게 먹여 스스로 새끼를 키우는
　　펠리컨에 빗대어 표현한 용어로, 한국 산업이 나아가야 할 방향으로 100대 핵심부품을
　　5년 내로 국산화하고, 산업 전반적으로 경쟁력을 강화하여 한국 산업경제의 자립도를
　　키우는 것을 목표로 한다.

Answer⟶ 49.② 50.④ 51.③

52 다음은 경제 기사 내용 중 일부이다. 빈칸에 들어갈 말로 알맞은 것은?

> 경기바닥론이 나오고 있는 가운데, 내년 반도체 업계의 회복이 기대되면서 일부 심리
> 지표가 개선되고 있다. 하지만 한국경영자총연합회의 최근 설문에 따르면 국내 기업
> 65%가 내년에도 투자를 줄이겠다고 답했다. ○○연구원은 경기가 소폭 회복되다 곧이어
> 떨어지는 _____ 상황이 올 수도 있다고 진단했다. 미·중 무역 분쟁과 부진한 내수
> 등 올해 한국 경제를 흔든 '외환'과 '내우' 모두 해결되지 않았다고 보기 때문이다.

① 블랙 스완 ② 화이트 스완
③ 어닝쇼크 ④ 더블딥

 더블딥(double dip) … 경기 침체 후 잠시 회복기를 보이다가 다시 침체에 빠지는 이중침체
현상을 의미한다.
  ① 블랙 스완 : 극단적으로 예외적이어서 발생가능성이 없어 보이지만, 일단 발생하면 엄청
    난 충격과 파급효과를 가져오는 사건을 말한다.
  ② 화이트 스완 : 경험에 비추어 예측가능하고, 반복되어 오는 위기임에도 적절한 해결책을
    제시하지 못하는 상황을 의미한다.
  ③ 어닝쇼크 : 기업이 실적을 발표할 때 시장에서 예상했던 것보다 저조한 실적을 발표하는
    것을 말한다.

53 예술의 창작이나 그 발상 면에서 독창성을 잃고 평범한 경향으로 흘러, 표현수단의 고정으
로 인하여 예술의 신선미와 생기를 잃는 일을 일컫는 말은?

① 리리시즘(lyricism) ② 매너리즘(mannerism)
③ 모더니즘(modernism) ④ 다다이즘(dadaism)

 ① 리리시즘(lyricism) : 예술적 표현의 서정적·주관적·개성적인 정서를 표현하고 추구하는
    정신 또는 문체
  ③ 모더니즘(modernism) : 제1차 세계대전 후의 근대주의, 현대주의를 의미
  ④ 다다이즘(dadaism) : 제1차 세계대전 중 1920년대에 걸쳐 유럽의 여러 도시에서 일어난
    반예술운동

54 다음 중 소비자의 기호와 개성에 따라 시장을 세분화하여 소규모의 소비자를 대상으로 판매목표를 설정하고, 시장의 틈을 찾아 그곳을 공략하는 마케팅 전략은?

① 디마케팅   ② 레몬마케팅

③ 그린마케팅   ④ 니치마케팅

    니치마케팅 … '니치'란 '빈틈' 또는 '틈새'로 해석되며 '남이 아직 모르는 좋은 낚시터'라는 은유적 의미를 담고 있다. 니치 마케팅은 특정한 성격을 가진 소규모의 소비자를 대상으로 판매목표를 설정하는 것이다. 남이 아직 모르고 있는 좋은 곳, 빈틈을 찾아 그 곳을 공략하는 것으로, 예를 들면 건강에 높은 관심을 지닌 여성의 건강음료를 기획하여 대성공을 거둔 것이 대표적인 사례로 꼽는다.

55 환태평양경제동반자협정을 무엇이라 하는가?

① TPP   ② RCEP

③ AIIB   ④ ADB

    ① TPP(Trans-Pacific Partnership) : 아시아·태평양 지역의 경제를 통합해 회원국 간 관세·비관세 장벽을 철폐하는 것을 목표로 2005년 6월 뉴질랜드, 칠레, 브루나이, 싱가포르 간 체결된 아·태지역 무역협정에서 시작되었다. 그리고 그 후 미국과 일본, 캐나다 등이 추가로 참여하면서 현재 회원국이 12개국으로 확장되었고 그동안 회원국간 TPP 협상이 지지부진하다가 2015년 10월 5일 극적으로 타결되었다.

    ② RCEP(Regional Comprehensive Economic Partnership, 아르셉) : ASEAN(동남아시아국가연합) 10개국과 한·중·일, 호주, 인도, 뉴질랜드 등 16개국의 역내 무역자유화를 위한 협정으로 다자간 자유무역협정(FTA)이다.

    ③ AIIB(Asian Infrastructure Investment Bank) : 아시아인프라투자은행을 말하며 중국의 주도로 미국과 일본이 주도하는 세계은행과 아시아개발은행 등에 대항하기 위해 설립된 은행이다. 아시아·태평양지역 개발도상국의 인프라 구축을 목표로 하며 2015년 말에 공식 출범하였다.

    ④ ADB(Asian Development Bank) : 아시아개발은행을 말하며 1966년 아시아·태평양 지역의 경제협력 및 경제발전을 도모하기 위해 창설된 기구이다. 현재 필리핀 마닐라에 본부를 두고 있으며 회원국의 출자금과 차입금 등으로 조달된 일반재원의 투·융자, 아시아개발기금의 융자, 기술지원, 협조융자 등의 업무를 담당하고 있다.

Answer 52.④   53.②   54.④   55.①

56 다음 중 정부가 농산물을 개방할 경우 나타날 수 있는 경제현상으로 옳은 것은?

① 국내에서 생산하는 쌀의 양은 증가할 것이다.

② 국내에서 소비하는 쌀의 양은 감소할 것이다.

③ 국내에서 거래되는 쌀 가격이 하락할 것이다.

④ 국내로 수출하는 해외 쌀 생산자들의 이익은 감소할 것이다.

 세계 각국이 FTA를 통해 무역장벽을 허물고 있는 오늘날 해외에 시장을 개방하는 것은 경쟁력이 있는 상품일 경우 좋은 기회가 될 수 있지만 경쟁력이 약할 경우 자칫 큰 어려움을 겪을 수도 있다. 우리나라의 경우 농산물은 후자에 해당한다. 우리나라는 지리적 여건 등으로 농산물의 생산성을 높이는데 한계가 있으며 이로 인해 그동안 정부는 해외 농산물 수입에 대해 많은 규제를 해 왔다. 따라서 만약 위의 문제와 같이 농산물을 개방할 경우 쌀을 소비하는 소비자나 우리나라에 쌀을 수출하는 해외 생산자들은 이익을 볼 수 있지만 우리나라에서 쌀을 생산하는 농민들은 쌀의 생산량을 줄이거나 농사를 포기할지도 모른다.

57 다음 중 가격의 변화에 수요량이 민감하게 변화하는 재화를 무엇이라 하는가?

① 필수재

② 보완재

③ 대체재

④ 사치재

 ① **필수재** : 우리가 생활하는데 있어서 반드시 필요한 재화로 사치재와는 반대로 가격 변화에 덜 민감한 재화이다.

② **보완재** : 서로 보완관계에 있는 재화를 말한다.

③ **대체재** : 서로 대신 쓸 수 있는 관계에 있는 두 재화를 말하며 대표적인 예로 쌀과 밀가루, 버터와 마가린 등을 들 수 있다.

58 다음 중 교향곡 '운명', '영웅', '전원', '합창' 등을 작곡한 독일의 음악가는 누구인가?

① 베토벤
② 모차르트
③ 슈베르트
④ 베르디

② 모차르트 : 교향곡 '파리', '하프너', '린츠', '프라하', '주피터' 등과 가극 '피가로의 결혼', '마적', '돈 지오반니' 등을 작곡하였다.
③ 슈베르트 : 교향곡 '비극적', '미완성' 등과 가극 '아름다운 물레방앗간의 아가씨', '겨울 나그네', '백조의 노래', '마왕', '숭어', '아베마리아' 등을 작곡하였다.
④ 베르디 : '리골레토', '라 트라비아타', '가면무도회', '돈 카를로', '아이다', '오텔로' 등의 작품을 지었다.

59 다음 중 노벨상은 모두 몇 개의 분야로 이루어져 있는가?

① 5개
② 6개
③ 7개
④ 8개

노벨상은 모두 경제학상, 화학상, 생리의학상, 물리학상, 문학상, 평화상 총 6개 분야로 이루어져 있다.

60 스위스 제네바에 본부를 두고 국제적으로 활동하는 스위스 민간 기구로 제네바 협약 및 관습법 규칙에 따라 전쟁, 내란 등의 국제적 혹은 비국제적 무력분쟁에서 전상자, 포로, 실향민, 민간인 등의 희생자를 보호하기 위해 설립된 인도주의 단체를 무엇이라 하는가?

① 국제녹십자위원회
② 국제흑십자위원회
③ 국제청십자위원회
④ 국제적십자위원회

④ 국제적십자위원회 : 세계에서 가장 오랜 역사를 가지고 있는 특히 최근 100년간의 각종 전쟁터에서 활동을 펼친 대표적인 인도적 구호기관으로서 1917년과 1944년, 1963년 세 차례에 걸쳐 노벨 평화상을 수상하기도 했다.

61 레임 덕이란 무엇인가?

① 군소정당의 난립으로 인한 정치적 혼란현상이다.

② 외채 상황이 어렵게 된 후진국의 경제혼란현상이다.

③ 집권자의 임기 말기에 나타나는 정치력 약화현상이다.

④ 선진국과 후진국 사이에 나타나는 경제적 갈등현상이다.

 레임 덕(Lame Duck) … 현직 대통령이 선거에 패배할 경우 새 대통령이 취임할 때까지 국정정체상태가 빚어지기 쉽기 때문에 기우뚱 걷는 오리에 비유하여 일컫는 말이다.

62 일상적으로 일어나는 고유한 사실이나 문제임에도 평소에 잘 느끼지 못하다가 미디어에 의해 순식간에 부각되는 현상을 무엇이라 하는가?

① 피그말리온 효과   ② 루핑 효과

③ 매스미디어 효과   ④ 이벤트 효과

 루핑 효과 … 사람들이 특정 사실이 언론매체를 통해 이슈화되면 관심을 갖게 되고 이 관심이 확산되는 현상

63 인수대상 기업의 이사가 임기 전에 물러나게 될 경우 일반적인 퇴직금 외에 거액의 특별 퇴직금이나 보너스, 스톡옵션 등을 주도록 하는 제도를 무엇이라 하는가?

① 황금낙하산   ② 백기사

③ 주석낙하산   ④ 테뉴어보팅

 황금낙하산 … 피인수 회사와의 우호적인 합의에 의해 진행되는 우호적 인수 합병(M&A)이 아닌 적대적 M&A의 경우 기업 인수 비용을 높게 함으로써 사실상 M&A를 어렵게 만들어 경영권을 지키기 위한 수단으로 도입되었다. 그러나 부실 경영에 책임이 있는 무능한 경영진을 보호해주는 수단으로 전락할 수 있다.

64 중년층이 자신의 삶의 질을 높이기 위하여 시간과 정성을 쏟는 일을 일컫는 용어는 무엇인가?

① 걸리시소비자

② 체리피커

③ 미스터리쇼퍼

④ 머추리얼리즘

 ① 걸리시소비자 : 소녀스러움을 추구하는 여성 소비층
② 체리피커 : 카드로 물건을 사서 카드사에 수수료 수익을 가져다주는 것이 아니라 놀이공
원 입장 할인, 극장 할인 등의 혜택만 누리고 있는 고객, 쇼핑몰의 경우 경품을 노리고
무더기 주문을 한 뒤 당첨되지 않은 물건은 반품하는 얌체 고객 등을 이르는 말
③ 미스터리쇼퍼 : 고객을 가장하여 매장 환경이나 서비스 등을 평가하는 사람

65 모든 핵실험을 금지해 새로운 핵무기 개발과 기존 핵무기의 성능 개선을 막기 위해 마련된
국제기구는 무엇인가?

① OPCW   ② WIPO

③ CTBT   ④ IAEA

 ③ CTBT(Comprehensive Nuclear Test Ban Treaty) : 핵무기실험금지조약의 약자로 모든
핵실험을 금지해 새로운 핵무기 개발과 기존 핵무기의 성능 개선을 막기 위해 마련된 국
제기구이다.
① OPCW(Organization for the Prohibition of Chemical Weapons) : 화학무기금지기구의
약자로 1997년 4월에 발효된 '화학무기금지협약(CWC)'에 따라 설립된 국제기구이다.
2013년 10월 11일 노벨 평화상을 수상하였다.
② WIPO(World Intellectual Property Organization) : 세계지식재산권기구의 약자로 유엔
의 특별기구 16개 중 하나이다. 1967년 설립되어 창조 활동을 증진하고 지식 재산권을
전 세계적으로 보장하자는 취지에서 출범하였다.
④ IAEA(International Atomic Energy Agency) : 국제원자력기구의 약자로 원자력을 군사
적인 목적으로 이용하는 것을 막고 평화적인 목적의 이용을 장려하기 위해 1957년 7월
29일에 설립된 준 독립기구이다.

66 다음 중 우리나라 형법상 형벌에 속하지 않는 것은?

① 경고

② 사형

③ 과료

④ 징역

 우리나라의 형법은 사형·징역·금고·자격상실·자격정지·벌금·구류·과료·몰수 등 9종의
형벌을 규정하고 있다(형법 제41조).

67 대통령 후보 선출권을 당원에게만 국한하지 않고 일반 국민으로 확대시키는 제도로 정당의
대통령 후보를 국민들로 하여금 직접 뽑도록 하는 제도를 무엇이라 하는가?

① 비례대표제

② 오픈프라이머리

③ 게리맨더링

④ 다수대표제

 ① 비례대표제 : 정당의 총 득표 수의 비례에 따라서 당선자 수를 결정하는 선거제도를 말한다.
③ 게리맨더링 : 특정 후보자나 특정 정당에 유리하게끔 선거구를 구획하는 것을 말한다.
④ 다수대표제 : 한 선거구에서 대표를 선출함에 있어 최고 득점자를 당선자로 정하는 선거
제도로 절차가 복잡하지 않고 시간이 절약되는 장점이 있지만 다수의 의견만 채택되고
소수의 의견은 전혀 반영되지 않는다는 단점도 있다.

68 다음 중 핵분열성 물질이 아닌 것은?

① 세슘

② 마그네슘

③ 토륨

④ 플루토늄

 마그네슘은 핵분열성 물질에 속하지 않는다.

69 빈칸에 들어갈 말로 알맞은 것은?

> _____은/는 법률적으로 두 가지 수단이 있다. 하나는 최초의 매매계약을 할 때에 매도인이 _____할 권리를 유보하고 그 목적물을 _____할 수 있다고 약속하는 것이고, 다른 하나는 한 번 보통의 매매계약을 체결하고 나서 다시 매도인이 장래의 일정 기간 내에 매수인으로부터 매수할 수 있다고 예약을 하는 것이다.

① 전매(轉買)   ② 환매(還買)

③ 판독(判讀)   ④ 투기(投機)

 ① 전매 : 구입한 부동산을 단기적 이익을 목적으로 하여 다시 파는 것
③ 판독 : 부동산권리의 하자(흠) 유무를 문서와 도면상으로 확인하는 작업
④ 투기 : 상품이나 유가증권의 시세변동에서 발생하는 차익획득을 목적의 거래행위

70 다음 내용을 가장 잘 설명하고 있는 것은?

> 과거에 한 번 부도를 일으킨 기업이나 국가의 경우 이후 건전성을 회복했다 하더라도 시장의 충분한 신뢰를 얻기 어려워지며, 나아가 신용위기가 발생할 경우 투자자들이 다른 기업이나 국가보다 해당 기업이나 국가를 덜 신뢰하여 투자자금을 더 빨리 회수하고 이로 인해 실제로 해당 기업이나 국가가 위기에 빠질 수 있다.

① 긍정 효과   ② 자동 효과

③ 낙인 효과   ④ 분수 효과

 어떤 사람이 실수나 불가피한 상황에 의해 사회적으로 바람직하지 못한 행위를 한 번 저지르고 이로 인해 나쁜 사람으로 낙인찍히면 그 사람에 대한 부정적 인식이 형성되고 이 인식은 쉽게 사라지지 않는다. 이로 인해 추후 어떤 상황이 발생했을 때 해당 사람에 대한 부정적 사회인식 때문에 유독 그 사람에게 상황이 부정적으로 전개되어 실제로 일탈 또는 범죄행위가 저질러지는 현상을 낳는바, 이를 낙인효과라고 한다. 경제 분야에서도 이러한 현상이 발생한다.

Answer⏎→ 66.①   67.②   68.②   69.②   70.③

PART III

인성검사

01 인성검사의 이해

1 허구성 척도의 질문을 파악한다.

인성검사의 질문에는 허구성 척도를 측정하기 위한 질문이 숨어있음을 유념해야 한다. 예를 들어 '나는 지금까지 거짓말을 한 적이 없다.' '나는 한 번도 화를 낸 적이 없다.' '나는 남을 헐뜯거나 비난한 적이 한 번도 없다.' 이러한 질문이 있다고 가정해보자. 상식적으로 보통 누구나 태어나서 한번은 거짓말을 한 경험은 있을 것이며 화를 낸 경우도 있을 것이다. 또한 대부분의 구직자가 자신을 좋은 인상으로 포장하는 것도 자연스러운 일이다. 따라서 허구성을 측정하는 질문에 다소 거짓으로 '그렇다'라고 답하는 것은 전혀 문제가 되지 않는다. 하지만 지나치게 좋은 성격을 염두에 두고 허구성을 측정하는 질문에 전부 '그렇다'고 대답을 한다면 허구성 척도의 득점이 극단적으로 높아지며 이는 검사항목전체에서 구직자의 성격이나 특성이 반영되지 않았음을 나타내 불성실한 답변으로 신뢰성이 의심받게 되는 것이다. 다시 한 번 인성검사의 문항은 각 개인의 특성을 알아보고자 하는 것으로 절대적으로 옳거나 틀린 답이 없으므로 결과를 지나치게 의식하여 솔직하게 응답하지 않으면 과장 반응으로 분류될 수 있음을 기억하자!

2 '대체로', '가끔' 등의 수식어를 확인한다.

'대체로', '종종', '가끔', '항상', '대개' 등의 수식어는 대부분의 인성검사에서 자주 등장한다. 이러한 수식어가 붙은 질문을 접했을 때 구직자들은 조금 고민하게 된다. 하지만 아직 답해야 할 질문들이 많음을 기억해야 한다. 다만, 앞에서 '가끔', '때때로'라는 수식어가 붙은 질문이 나온다면 뒤에는 '항상', '대체로'의 수식어가 붙은 내용은 똑같은 질문이 이어지는 경우가 많다. 따라서 자주 사용되는 수식어를 적절히 구분할 줄 알아야 한다.

3 솔직하게 있는 그대로 표현한다.

인성검사는 평범한 일상생활 내용들을 다룬 짧은 문장과 어떤 대상이나 일에 대한 선호를 선택하는 문장으로 구성되었으므로 평소에 자신이 생각한 바를 너무 골똘히 생각하지 말고 문제를 보는 순간 떠오른 것을 표현한다. 또한 간혹 반복되는 문제들이 출제되기 때문에 일관성 있게 답하지 않으면 감점될 수 있으므로 유의한다.

4 모든 문제를 신속하게 대답한다.

인성검사는 시간제한이 없는 것이 원칙이지만 기업체들은 일정한 시간제한을 두고 있다. 인성검사는 개인의 성격과 자질을 알아보기 위한 검사이기 때문에 정답이 없다. 다만, 기업체에서 바람직하게 생각하거나 기대되는 결과가 있을 뿐이다. 따라서 시간에 쫓겨서 대충 대답을 하는 것은 바람직하지 못하다.

5 자신의 성향과 사고방식을 미리 정리한다.

기업의 인재상을 기초로 하여 일관성, 신뢰성, 진실성 있는 답변을 염두에 두고 꼼꼼히 풀다보면 분명 시간의 촉박함을 느낄 것이다. 따라서 각각의 질문을 너무 골똘히 생각하거나 고민하지 말자. 대신 시험 전에 여유 있게 자신의 성향이나 사고방식에 대해 정리해보는 것이 필요하다.

6 마지막까지 집중해서 검사에 임한다.

장시간 진행되는 검사에 지칠 수 있으므로 마지막까지 집중해서 정확히 답할 수 있도록 해야 한다.

02 실전 인성검사

※ 인성검사는 응시자의 개인성향을 파악하기 위한 자료이므로 별도의 정답이 존재하지 않습니다.

┃1~104┃ 다음 주어진 내용 중에서 자신과 가장 가깝다고 생각하는 것은 'ㄱ'에 표시하고, 자신과 가장 멀다고 생각하는 것은 'ㅁ'에 표시하시오.

1 ① 나는 식욕이 늘 좋은 편이다.
② 아침에 일어나면 항상 상쾌하고 잘 쉬었다는 기분이 든다.
③ 작은 소리에도 쉽게 잠을 깬다.
④ 신문기사를 읽는 것을 좋아한다.

| ㄱ | ① | ② | ③ | ④ |
| ㅁ | ① | ② | ③ | ④ |

2 ① 나의 손발은 대체로 따뜻하다.
② 나의 일상생활은 늘 흥미로운 일로 가득 차 있다.
③ 나의 주변은 바람 잘 날이 없다.
④ 지금도 예전만큼 건강하다고 생각한다.

| ㄱ | ① | ② | ③ | ④ |
| ㅁ | ① | ② | ③ | ④ |

3 ① 목에 무언가 걸린 듯한 느낌이 들 때가 있다.
② 사람들은 내게 트집을 잡는 편이다.
③ 추리소설보다 연애소설을 더 좋아한다.
④ 변비로 고생한 적이 거의 없다.

| ㄱ | ① | ② | ③ | ④ |
| ㅁ | ① | ② | ③ | ④ |

4 ① 매일을 긴장 속에서 살고 있다.
② 입 밖에 낼 수 없을 정도의 나쁜 생각을 할 때가 가끔 있다.
③ 내 팔자는 확실히 사나운 것 같다.
④ 가끔 도저히 참을 수 없는 웃음이 날 때가 있다.

| ㄱ | ① | ② | ③ | ④ |
| ㅁ | ① | ② | ③ | ④ |

5 ① 나에게 나쁜 짓을 하면 반드시 보복해야 직성이 풀린다.

② 가끔 집을 떠나고 싶다는 생각이 든다.

③ 아무도 나를 이해해 주지 않는 것 같다.

④ 곤경에 처했을 경우 입을 다물고 있는 것이 상책이라고 본다.

| ㄱ | ① | ② | ③ | ④ |
| ㅁ | ① | ② | ③ | ④ |

6 ① 정말 싫은 사람이 항상 내 주변에 나타난다.

② 가끔 귀신을 보는 것 같다.

③ 연예인이 되고 싶다고 생각할 때가 있다.

④ 위기나 어려움에 맞서기를 피한다.

| ㄱ | ① | ② | ③ | ④ |
| ㅁ | ① | ② | ③ | ④ |

7 ① 새롭게 일을 시작하기가 매우 힘들다.

② 일주일에 몇 번 소화불량에 걸린다.

③ 욕을 잘하는 편이다.

④ 악몽에 시달리는 편이다.

| ㄱ | ① | ② | ③ | ④ |
| ㅁ | ① | ② | ③ | ④ |

8 ① 한 가지 일에 정신을 집중하기가 어렵다.

② 남들이 하지 못한 기이한 경험을 한 적이 있다.

③ 건강에 대해서는 염려하지 않는다.

④ 아는 사람이라도 먼저 말을 걸어오지 않는 한 먼저 말을 걸지 않는다.

| ㄱ | ① | ② | ③ | ④ |
| ㅁ | ① | ② | ③ | ④ |

9
① 어렸을 때 남의 물건을 훔친 적이 있다.
② 내 친구들은 모두 건강하다.
③ 화가 나서 무엇인가를 부셔버린 적이 있다.
④ 언제나 진실만을 말하지는 않는다.

| ㄱ | ① | ② | ③ | ④ |
| ㅁ | ① | ② | ③ | ④ |

10
① 잠을 깊이 들지 못하고 선잠을 잔다.
② 가끔 이유 없이 두통을 느낄 때가 있다.
③ 내 판단력은 정확하다고 생각한다.
④ 가슴이 아파 고생한 적이 있다.

| ㄱ | ① | ② | ③ | ④ |
| ㅁ | ① | ② | ③ | ④ |

11
① 참을성을 잃을 때가 가끔 있다.
② 이유 없이 몸이 근질거리거나 화끈거릴 때가 있다.
③ 가만히 앉아서 공상에 잠기는 걸 좋아한다.
④ 나는 매우 사교적인 사람이다.

| ㄱ | ① | ② | ③ | ④ |
| ㅁ | ① | ② | ③ | ④ |

12
① 나보다 지식이 없는 사람에게 명령을 받는 것은 싫다.
② 나는 지금껏 올바른 삶을 살았다고 생각한다.
③ 다음 생애에는 다른 성으로 태어나고 싶다.
④ 소설보다 시를 더 좋아한다.

| ㄱ | ① | ② | ③ | ④ |
| ㅁ | ① | ② | ③ | ④ |

13 ① 가족들은 내가 하는 일을 좋아하지 않는다.

② 나는 남들보다 불행하다고 생각한다.

③ 타인에게 동정이나 도움을 받는 것은 싫다.

④ 나는 중요한 사람이라고 생각한다.

ㄱ	①	②	③	④
ㅁ	①	②	③	④

14 ① 동물을 못살게 군 적이 있다.

② 사람들이 지키지도 않는 법률은 없애는 것이 낫다고 생각한다.

③ 언제나 기분이 우울한 편이다.

④ 기분이 좋지 않을 때는 짜증을 내는 편이다.

ㄱ	①	②	③	④
ㅁ	①	②	③	④

15 ① 남들이 놀려도 개의치 않는다.

② 억지로 일을 하는 것은 시간낭비라고 생각한다.

③ 나는 논쟁에서 쉽게 궁지에 몰린다.

④ 다른 사람에 비해 자신감이 부족한 편이다.

ㄱ	①	②	③	④
ㅁ	①	②	③	④

16 ① 인생은 살 만한 가치가 있다고 생각한다.

② 사람들을 납득시키기 위해서는 논쟁을 해야 한다.

③ 오늘 할 일을 내일로 미루는 편이다.

④ 후회할 일을 한 적이 많다.

ㄱ	①	②	③	④
ㅁ	①	②	③	④

17
① 이유 없이 근육이 경련을 일으킨 적이 가끔 있다.
② 남보다 앞서나가기 위해 거짓말을 할 수 있다.
③ 가족들과 말다툼을 한 적이 없다.
④ 충동적으로 일을 시작하는 편이다.

ㄱ	①	②	③	④
ㅁ	①	②	③	④

18
① 파티나 모임에 가는 것을 좋아한다.
② 선택의 여지가 너무 많아 결정을 내리지 못한 적이 있다.
③ 살찌지 않기 위해 먹은 것을 토한 적이 있다.
④ 나 자신과의 싸움이 가장 힘든 싸움이라 생각한다.

ㄱ	①	②	③	④
ㅁ	①	②	③	④

19
① 게임은 내기를 해야 더 재미있다.
② 나에게 무슨 일이 일어나건 상관하지 않는 편이다.
③ 내 주위 사람들은 모두 나만큼 유능한 사람들이다.
④ 나는 늘 행복하다고 느낀다.

ㄱ	①	②	③	④
ㅁ	①	②	③	④

20
① 나는 다른 사람에게는 보이지 않는 것을 볼 수 있다.
② 이유 없이 화를 자주 내는 편이다.
③ 누군가가 나를 헤치려한다는 느낌을 받을 때가 있다.
④ 스릴을 맛보기 위해 위험한 행동을 한 적이 있다.

ㄱ	①	②	③	④
ㅁ	①	②	③	④

21 ① 내 말투는 항상 동일하다.

② 집에서 식사를 할 때는 식사예절을 잘 지키지 않는 편이다.   ㄱ ① ② ③ ④

③ 사람들은 들키는 게 두려워 거짓말을 하지 않는 것이라고 생각한다.   ㅁ ① ② ③ ④

④ 학교 다닐 때 나쁜 짓을 하여 교무실에 불려간 적이 있다.

22 ① 이득이 된다면 부당한 수단을 사용해도 된다.

② 능력이 있고 열심히 일한다면 누구나 성공할 것이라고 믿는다.   ㄱ ① ② ③ ④

③ 내가 곤경에 처하면 다른 사람 때문이라고 생각한다.   ㅁ ① ② ③ ④

④ 피를 보면 놀란다.

23 ① 옳다고 생각하는 일은 밀고 나가야 한다.

② 누군가 나에게 잘해 주면 숨은 의도가 있다고 생각한다.   ㄱ ① ② ③ ④

③ 나는 사후의 세계가 존재한다고 믿는다.   ㅁ ① ② ③ ④

④ 결정을 빨리 하지 못해 기회를 놓친 적이 많다.

24 ① 중요한 일은 남들의 조언을 듣고 결정하는 편이다.

② 매일 매일 일기를 쓴다.   ㄱ ① ② ③ ④

③ 법을 지키지 않는 사람은 벌 받아 마땅하다고 생각한다.   ㅁ ① ② ③ ④

④ 비판이나 꾸지람을 받으면 속이 몹시 상한다.

25
① 음식을 만드는 것을 좋아한다.
② 내 행동은 주위 사람들의 행동에 의해 좌우되는 편이다.
③ 나는 가끔 쓸모없는 인간이라고 느낀다.
④ 게임에서는 지기보다는 이기고 싶다.

ㄱ	①	②	③	④
ㅁ	①	②	③	④

26
① 누군가에게 주먹다짐을 하고 싶을 때가 있다.
② 누가 내 뒤를 몰래 따라다닌다고 느낄 때가 있다.
③ 나는 눈물이 많은 편이다.
④ 지난 몇 년간 체중이 늘지도 줄지도 않았다.

ㄱ	①	②	③	④
ㅁ	①	②	③	④

27
① 술을 마시거나 마약을 사용한 적이 있다.
② 쉽게 피곤을 느끼는 편이다.
③ 남들에게 속았다는 생각이 들면 분노를 참지 못한다.
④ 나는 하루하루가 즐겁다고 느낀다.

ㄱ	①	②	③	④
ㅁ	①	②	③	④

28
① 높은 곳에서 아래를 보면 겁이 난다.
② 법적인 문제에 말려들어도 긴장하지 않는다.
③ 뱀을 무서워하지 않는다.
④ 남이 나를 어떻게 생각하든 신경 쓰지 않는다.

ㄱ	①	②	③	④
ㅁ	①	②	③	④

29
① 남들 앞에서 장기자랑 하는 것이 불편하다.
② 학교를 결석한 적이 없다.
③ 수줍음을 많이 타는 편이다.
④ 거지에게 돈을 주는 것을 반대한다.

| ㄱ | ① ② ③ ④ |
| ㅁ | ① ② ③ ④ |

30
① 나는 여러 종류의 놀이와 오락을 즐긴다.
② 오랫동안 글을 읽어도 눈이 피로해지지 않는다.
③ 처음 만나는 사람과 대화하기가 어렵다.
④ 행동한 후에 내가 무엇을 했는지 몰랐던 때가 있다.

| ㄱ | ① ② ③ ④ |
| ㅁ | ① ② ③ ④ |

31
① 손 놀리기가 거북하거나 어색한 때가 있다.
② 정신이 나가거나 자제력을 잃을까봐 두렵다.
③ 당황하면 땀이 나서 몹시 불쾌해진다.
④ 무엇을 하려고 하면 손이 떨릴 때가 있다.

| ㄱ | ① ② ③ ④ |
| ㅁ | ① ② ③ ④ |

32
① 내 정신 상태는 멀쩡하다.
② 알레르기나 천식이 없다.
③ 언제나 온몸에 기운이 넘친다.
④ 내가 아는 사람을 다 좋아하지는 않는다.

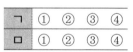

33
① 나는 자살을 생각해 본 적이 있다.
② 농담이나 애교로 이성의 관심을 살 수 있다.
③ 내 주변 사람들은 아직 나를 어린애 취급한다.
④ 신체적인 이상 때문에 여가생활을 즐기기 어렵다.

| ㄱ | ① | ② | ③ | ④ |
| ㅁ | ① | ② | ③ | ④ |

34
① 친구에게 도움을 청하는 것이 별로 어렵지 않다.
② 나는 독립심이 강한 편이다.
③ 남에 대한 험담이나 잡담을 한다.
④ 길을 걸을 때 금을 밟지 않으려고 신경 쓴 적이 있다.

| ㄱ | ① | ② | ③ | ④ |
| ㅁ | ① | ② | ③ | ④ |

35
① 다른 집에 비해 우리 집은 화목하다.
② 쓸데없는 걱정을 하는 편이다.
③ 한 번도 가보지 않은 곳을 가보는 것을 좋아한다.
④ 고민은 털어버리지 못하고 계속 집착한다.

| ㄱ | ① | ② | ③ | ④ |
| ㅁ | ① | ② | ③ | ④ |

36
① 한 곳에 오래 앉아 있지를 못한다.
② 나의 외모에 대해 별로 걱정하지 않는다.
③ 나는 아픈 데가 거의 없다.
④ 세상을 내 손 안에 다 넣은 것처럼 행복하다.

| ㄱ | ① | ② | ③ | ④ |
| ㅁ | ① | ② | ③ | ④ |

37
① 나는 쉽게 화를 내고 쉽게 풀어진다.
② 집을 나설 때 문단속을 철저히 한다.
③ 부모님은 나를 사랑한다.
④ 나의 물건을 남에게 **빼앗기는** 것을 정말 싫어한다.

| ㄱ | ① | ② | ③ | ④ |
| ㅁ | ① | ② | ③ | ④ |

38
① 서로 농담을 주고받는 사람들과 함께 있는 것이 좋다.
② 사랑에 실망한 적이 있다.
③ 남보다 늦게 깨우치는 편이다.
④ 신선한 날에도 땀을 잘 흘린다.

| ㄱ | ① | ② | ③ | ④ |
| ㅁ | ① | ② | ③ | ④ |

39
① 일주일에 한 번 혹은 그 이상 나는 흥분을 한다.
② 잘못된 행동을 하는 사람과도 나는 친해질 수 있다.
③ 피부 한두 군데가 무감각하다.
④ 어수룩한 사람을 이용하는 자를 나는 탓하지 않는다.

| ㄱ | ① | ② | ③ | ④ |
| ㅁ | ① | ② | ③ | ④ |

40
① 무슨 일이든 쉽게 시작하기가 어렵다.
② 물을 자주 많이 마시는 편이다.
③ 사람들은 자신에게 도움이 될 것 같아서 친구를 만든다.
④ 내가 사랑하는 가족들이라도 가끔 미워지기도 한다.

| ㄱ | ① | ② | ③ | ④ |
| ㅁ | ① | ② | ③ | ④ |

41
① 기분이 울적해도 신나는 일이 생기면 기분이 풀린다.
② 술을 많이 마셔 실수를 한 적이 있다.
③ 곤경에 **빠져** 나오기 위해 거짓말을 할 수 있다고 본다.
④ 남들보다 민감한 편이다.

ㄱ	①	②	③	④
ㅁ	①	②	③	④

42
① 음식의 맛을 정확하게 느끼기 어렵다.
② 다른 사람들에 비해 감성적인 편이다.
③ 나는 누구를 사랑해 본 적이 없다.
④ 사람들과 함께 있어도 늘 외로움을 느낀다.

ㄱ	①	②	③	④
ㅁ	①	②	③	④

43
① 남들로부터 이해와 관심을 받아야 행복하다.
② 잘하지 못하는 게임은 아예 하지 않는다.
③ 쉽게 친구를 사귀는 편이다.
④ 주위에 사람이 오는 것이 싫다.

ㄱ	①	②	③	④
ㅁ	①	②	③	④

44
① 법적인 일로 말썽을 일으킨 적이 없다.
② 중요하지도 않는 생각으로 며칠씩 고생한 적이 있다.
③ 돈에 대한 걱정을 많이 한다.
④ 과민하게 반응하는 나만의 비밀이 있다.

ㄱ	①	②	③	④
ㅁ	①	②	③	④

45 ① 감기에 걸려도 약을 먹지 않는다.

② 부당하다고 생각되는 일은 절대 하지 않는다.

③ 한 가지 일에 마음을 집중할 수 없다.

④ 내가 하고 싶은 일도 남들이 대단치 않게 여기면 포기해 버린다.

ㄱ	①	②	③	④
ㅁ	①	②	③	④

46 ① 어떤 것이나 어떤 사람에 대해 언제나 불안을 느낀다.

② 차라리 죽어 버렸으면 하고 바랄 때가 많다.

③ 너무 흥분이 되어 잠을 이루기 힘든 때가 가끔 있다.

④ 다른 사람에 비해 나는 걱정거리가 많다.

ㄱ	①	②	③	④
ㅁ	①	②	③	④

47 ① 나에 관해 누군가 수근 거릴 거라 생각이 든다.

② 소리가 너무 잘 들려 괴울 때가 있다.

③ 가족들은 필요 이상으로 나의 결점을 찾아낸다.

④ 나는 쉽게 당황한다.

ㄱ	①	②	③	④
ㅁ	①	②	③	④

48 ① 길을 걷다가 싫어하는 사람이 보이면 길을 건너가 버릴 때가 있다.

② 모든 것이 현실이 아닌 것처럼 느껴질 때가 가끔 있다.

③ 별로 중요하지도 않은 것들을 세어보는 버릇이 있다.

④ 남의 말은 잘 듣지 않는 편이다.

ㄱ	①	②	③	④
ㅁ	①	②	③	④

49
① 사람들이 나에 대해 모욕적인 말을 한 것을 들은 적이 있다.
② 기대 이상으로 친절하게 구는 사람은 경계한다.
③ 집을 나설 때는 항상 불안하고 걱정스럽다.
④ 특별한 이유 없이 명랑한 기분이 들 때가 있다.

ㄱ	①	②	③	④
ㅁ	①	②	③	④

50
① 혼자 있을 때면 가끔 이상한 소리가 들린다.
② 게으른 편이라고 생각한다.
③ 비가 오지 않으면 우산을 가지고 다니지 않는다.
④ 1인자 보다 조력자의 역할을 더 좋아한다.

ㄱ	①	②	③	④
ㅁ	①	②	③	④

51
① 의리를 지키는 타입이다.
② 모든 일에 리드를 하는 편이다.
③ 신중함이 부족해서 후회를 한 적이 있다.
④ 어떠한 일에도 의욕적으로 임하는 편이다.

ㄱ	①	②	③	④
ㅁ	①	②	③	④

52
① 무섭게 생긴 동물이나 물건에 대해 두려움을 느낀 적이 있다.
② 사람들이 모여 있는 방에 불쑥 들어가는 것이 어렵다.
③ 나는 사람들에 대해 쉽게 참을성을 잃는다.
④ 성급하다는 소리를 자주 듣는다.

ㄱ	①	②	③	④
ㅁ	①	②	③	④

53　① 다른 사람들보다 정신을 집중하기가 더 어렵다.

　　② 내 능력이 보잘 것 없어 일을 포기한 적이 여러 번 있다.

　　③ 나쁜 말이나 끔찍한 일들이 머릿속에 쉽게 떠나지 않는다.

　　④ 사람들이 내게 한 말을 금방 잊어버린다.

ㄱ	①	②	③	④
ㅁ	①	②	③	④

54　① 안 좋은 일이 생기면 민감하게 반응하는 성향이 있다.

　　② 기차나 버스에서 낯선 사람과 이야기 할 수 있다.

　　③ 꿈에서 알려 주는 지시나 경고를 무시하지 않는다.

　　④ 나에게는 적이 없다.

ㄱ	①	②	③	④
ㅁ	①	②	③	④

55　① 모임에서 혼자 또는 단둘이 있는 때가 많다.

　　② 어떤 일을 모면하기 위해 꾀병을 부린 적이 있다.

　　③ 일이 잘못되어 갈 때는 바로 포기해 버린다.

　　④ 사람들에게 상처를 준 적이 없다.

ㄱ	①	②	③	④
ㅁ	①	②	③	④

56　① 아이들을 좋아하는 편이다.

　　② 적은 돈을 걸고 하는 노름은 나쁘지 않다고 생각한다.

　　③ 세상의 모든 전문가가 실제로 뛰어나다고는 생각하지 않는다.

　　④ 다시 어린 시절로 되돌아가고 싶을 때가 많다.

ㄱ	①	②	③	④
ㅁ	①	②	③	④

57
① 기회만 주어진다면 나는 훌륭한 선생님이 될 수 있을 것 같다.
② 일단 시작한 일은 잠깐 동안이라도 손을 떼기가 어렵다.
③ 낯선 사람과 만나는 것을 개의치 않는다.
④ 누군가가 나에게 충고를 하면 화가 먼저 난다.

| ㄱ | ① | ② | ③ | ④ |
| ㅁ | ① | ② | ③ | ④ |

58
① 사람들은 종종 나를 실망시킨다.
② 명랑한 친구들과 있으면 근심이 사라져버리는 것 같다.
③ 춤추는 것을 좋아한다.
④ 내 생각을 남에게 알려주는 것을 좋아한다.

| ㄱ | ① | ② | ③ | ④ |
| ㅁ | ① | ② | ③ | ④ |

59
① 술에 취했을 때만 솔직해 질 수 있다.
② 집을 영원히 떠날 때가 오기를 간절히 바란다.
③ 물을 무서워하지 않는다.
④ 지금의 나 자신에게 만족하지 않는다.

| ㄱ | ① | ② | ③ | ④ |
| ㅁ | ① | ② | ③ | ④ |

60
① 비싼 옷을 입어보고 싶다.
② 확 트인 곳에 혼자 있는 것이 두렵다.
③ 실내에 있으면 불안하다.
④ 쉽사리 화를 내지 않는다.

| ㄱ | ① | ② | ③ | ④ |
| ㅁ | ① | ② | ③ | ④ |

61
① 나는 과거에 아무에게도 말하지 못할 나쁜 짓을 저질렀다.
② 개인적인 질문을 받으면 나는 초조하고 불안해진다.
③ 장래 계획을 세울 수 없을 것 같다.
④ 군중 속에서 느끼는 흥분을 즐긴다.

| ㄱ | ① | ② | ③ | ④ |
| ㅁ | ① | ② | ③ | ④ |

62
① 짜증내거나 투덜대고 난 후 후회하는 일이 종종 있다.
② 실제로 법을 어기지 않는 한, 법을 슬쩍 피해가는 것도 괜찮다.
③ 남들의 인생철학은 듣고 싶지 않다.
④ 친한 사람들과 심각하게 의견이 대립될 때가 자주 있다.

| ㄱ | ① | ② | ③ | ④ |
| ㅁ | ① | ② | ③ | ④ |

63
① 주변에서 일어나는 일 때문에 종종 기분이 상한다.
② 일이 아주 안 풀릴 때 가족으로부터 도움을 받을 수 있다고 생각한다.
③ 매를 많이 맞은 적이 있다.
④ 되도록 사람이 많은 곳은 가기를 피한다.

| ㄱ | ① | ② | ③ | ④ |
| ㅁ | ① | ② | ③ | ④ |

64
① 내가 한 말이 남에게 상처를 주지 않았는가 하는 걱정을 한다.
② 나에 관한 모든 것을 누구에게도 말할 수 없는 것 같다.
③ 사람들의 의도를 종종 오해할 때가 있다.
④ 침착하고 쉽게 감정적으로 행동하지 않는다.

| ㄱ | ① | ② | ③ | ④ |
| ㅁ | ① | ② | ③ | ④ |

65　① 실망하면 타격이 너무 커서 그것을 떨쳐 버릴 수가 없다.

　　② 새치기하는 사람을 보면 불쾌해져서 당사자에게 한 마디 하는 편이다.

　　③ 무례하고 성가시게 구는 사람에게는 거칠게 대해야 한다고 본다.

　　④ 언제 닥칠지도 모를 불행에 대해 걱정을 한다.

ㄱ	①	②	③	④
ㅁ	①	②	③	④

66　① 남들로부터 칭찬을 들으면 불편해진다.

　　② 몸으로 하는 일을 좋아한다.

　　③ 불에 매혹 당한다.

　　④ 궁지에 몰렸을 때 나는 불리한 것은 말하지 않는다.

ㄱ	①	②	③	④
ㅁ	①	②	③	④

67　① 죄를 지은 사람은 엄벌을 받아야 한다고 생각한다.

　　② 좋은 아이디어가 쉽게 잘 떠오른다.

　　③ 가족 중에 성미가 급한 사람이 있다.

　　④ 이미 내린 결정도 다른 사람이 뭐라고 하면 쉽게 바꾸어 버린다.

ㄱ	①	②	③	④
ㅁ	①	②	③	④

68　① 남들이 나를 재촉하면 화가 난다.

　　② 여유 시간을 거의 혼자서 보내는 편이다.

　　③ 산 속에 혼자 살면 행복할 것 같다.

　　④ 나에게는 도저히 고칠 수 없는 나쁜 버릇이 한두 가지 있다.

ㄱ	①	②	③	④
ㅁ	①	②	③	④

69
① 나는 잘하는 것이 없다.
② 나는 고집이 매우 세다.
③ 나에게 일어나는 일들은 나에게는 책임이 없다.
④ 정신질환은 의지가 약한 것이라고 생각한다.

| ㄱ | ① | ② | ③ | ④ |
| ㅁ | ① | ② | ③ | ④ |

70
① 중요한 결정을 내릴 때 나는 무기력해진다.
② 사적인 문제는 혼자 간직해야 한다고 생각한다.
③ 해결해야 할 문제가 있으면 남들에게 주도권을 넘겨 버린다.
④ 아플 때조차도 병원에 가는 것이 싫다.

| ㄱ | ① | ② | ③ | ④ |
| ㅁ | ① | ② | ③ | ④ |

71
① 여행을 가는 것을 좋아한다.
② 문제가 있을 때 누군가와 이야기하고 나면 기분이 좋아진다.
③ 사람들은 내가 매력적이라 생각하지 않는다.
④ 규칙을 어기더라도 자신의 신념에 따라야 한다.

| ㄱ | ① | ② | ③ | ④ |
| ㅁ | ① | ② | ③ | ④ |

72
① 내가 만지면 종종 물건이나 기계가 망가진다.
② 사람들은 내게 그다지 친절하지 않다.
③ 나는 모든 사람들과 사이좋게 지낸다.
④ 내가 원하는 대로 일이 이루어지지 않으면 화를 낸다.

| ㄱ | ① | ② | ③ | ④ |
| ㅁ | ① | ② | ③ | ④ |

73 ① 상스러운 욕을 하여 남들을 가끔 놀라게 한다.
② 술을 마시고 싸움을 한 적이 있다.
③ 가출한 적이 있다.
④ 곤경에 빠지지 않기 위해 거짓말을 한 적이 있다.

| ㄱ | ① ② ③ ④ |
| ㅁ | ① ② ③ ④ |

74 ① 친한 친구가 없다.
② 기침을 자주 하는 편이다.
③ 혼자만의 비밀이 많다.
④ 남들과 있을 때는 조용한 편이다.

| ㄱ | ① ② ③ ④ |
| ㅁ | ① ② ③ ④ |

75 ① 비밀을 나눌 수 있는 친한 친구가 있다.
② 친구들이 하라고 해서 나쁜 일을 한 적이 있다.
③ 아주 쉽게 결정을 내리는 편이다.
④ 겁이 거의 없다.

| ㄱ | ① ② ③ ④ |
| ㅁ | ① ② ③ ④ |

76 ① 사소한 실패도 머릿속을 떠나지 않아 잠을 설친다.
② 싸움을 해도 금방 화해하는 편이다.
③ 다른 사람에게 내 물건을 빌려주는 것이 정말 싫다.
④ 많은 사람들의 주목을 받으면 당황한다.

| ㄱ | ① ② ③ ④ |
| ㅁ | ① ② ③ ④ |

77
① 나는 외향적인 사람이다.
② 대인관계가 서투르고 약삭빠르지 못하다.
③ 계산에 밝은 사람이다.
④ 상황을 빨리 파악하는 편이다.

ㄱ	①	②	③	④
ㅁ	①	②	③	④

78
① 남의 기분을 상하지 않게 하기 위해 노력하는 편이다.
② 나는 허세부리는 사람이 싫다.
③ 나는 허세가 있는 편이다.
④ 나는 동정심이 강하다.

ㄱ	①	②	③	④
ㅁ	①	②	③	④

79
① 타인의 충고를 기꺼이 받아들인다.
② 친구의 영향을 받기 쉽다.
③ 모든 일에 충동적인 편이다.
④ 나는 자립심이 강한 편이다.

ㄱ	①	②	③	④
ㅁ	①	②	③	④

80
① 전화나 이메일을 자주 확인하는 편이 아니다.
② 규칙적으로 하는 운동이 있다.
③ 계획에 맞춰서 모든 것을 하는 편이다.
④ 현재 나의 조건은 절망적이라 생각한다.

ㄱ	①	②	③	④
ㅁ	①	②	③	④

81 ① 나는 반드시 성공해야 한다.

② 내 자신의 약점을 숨기는 편이다.

③ 실패한다는 것은 나에게는 치욕이다.

④ 나는 친구로서 연인으로서 완벽해야 한다고 생각한다.

| ㄱ | ① | ② | ③ | ④ |
| ㅁ | ① | ② | ③ | ④ |

82 ① 나는 능력이 충분히 많다고 생각한다.

② 나는 모든 것을 예견하면서 살아왔다.

③ 나는 분노를 싫어한다.

④ 나는 종종 못 생겼다고 생각한다.

| ㄱ | ① | ② | ③ | ④ |
| ㅁ | ① | ② | ③ | ④ |

83 ① 세상은 위험한 곳이라고 생각한다.

② 내 옆에 든든한 사람이 없으면 항상 두렵다.

③ 문제에 대해 걱정을 하지 않으면 항상 일이 꼬인다.

④ 항상 모든 일에 완벽해지려고 노력하는 편이다.

| ㄱ | ① | ② | ③ | ④ |
| ㅁ | ① | ② | ③ | ④ |

84 ① 문제는 항상 시간이 해결해 줄 거라 믿는다.

② 나는 혼자 여행하기를 좋아한다.

③ 변화를 주는 것을 싫어한다.

④ 내 능력을 과소평가하여 일을 포기한 적이 있다.

| ㄱ | ① | ② | ③ | ④ |
| ㅁ | ① | ② | ③ | ④ |

85
① 일이 조금만 잘못되어도 무조건 화부터 낸다.
② 쉽게 초조하거나 안달하는 편이다.
③ 남의 도움을 받기 위해 마음에도 없는 말을 하기도 한다.
④ 어려운 사람을 보면 도와줘야 한다고 생각한다.

| ㄱ | ① | ② | ③ | ④ |
| ㅁ | ① | ② | ③ | ④ |

86
① 다른 사람과 다툰 후 먼저 사과하는 편이다.
② 나는 무슨 일이든 작심삼일인 경우가 많다.
③ 어려운 일에 부딪혀도 좀처럼 좌절하지 않는다.
④ 나는 매사에 빈틈이 없는 편이다.

| ㄱ | ① | ② | ③ | ④ |
| ㅁ | ① | ② | ③ | ④ |

87
① 나는 경험으로써 모든 것을 판단한다.
② 나는 사건의 원인과 결과를 쉽게 파악한다.
③ 나는 능력 있다는 소릴 듣는 것을 좋아한다.
④ 나의 결정에 대해 잘 변경하지 않는 편이다.

| ㄱ | ① | ② | ③ | ④ |
| ㅁ | ① | ② | ③ | ④ |

88
① 조직적인 분위기에 잘 적응하는 편이다.
② 갈등해소와 극복을 위해 무단히 노력하는 편이다.
③ 모든 일을 여유 있게 대비하는 타입이다.
④ 유행에 민감하다고 생각한다.

| ㄱ | ① | ② | ③ | ④ |
| ㅁ | ① | ② | ③ | ④ |

89 ① 현실을 직시하는 편이다.

② 타인의 일에는 별로 관심이 없다.

③ 다른 사람의 소문에 관심이 많다.

④ 친구들의 휴대전화 번호를 모두 외운다.

| ㄱ | ① | ② | ③ | ④ |
| ㅁ | ① | ② | ③ | ④ |

90 ① 사람과 만날 약속을 하는 것은 즐겁다.

② 질문을 받으면 그 때의 기분으로 바로 대답하는 성격이다.

③ 땀을 흘리는 것보다 머리를 쓰는 일이 좋다.

④ 사교적인 타입이라고 생각한다.

| ㄱ | ① | ② | ③ | ④ |
| ㅁ | ① | ② | ③ | ④ |

91 ① 평범하고 평온하게 행복한 인생을 살고 싶다.

② 이것저것 평하는 것이 싫다.

③ 내일의 계획은 미리 세우는 편이다.

④ 나는 비교적 보수적이다.

| ㄱ | ① | ② | ③ | ④ |
| ㅁ | ① | ② | ③ | ④ |

92 ① 규칙을 잘 지키려고 노력한다.

② 상식적인 판단을 할 수 있는 타입이라고 생각한다.

③ 가능성보다는 현실을 먼저 생각한다.

④ 나만의 가치 기준이 확고하다.

| ㄱ | ① | ② | ③ | ④ |
| ㅁ | ① | ② | ③ | ④ |

93
① 사물에 대해 가볍게 생각하는 편이다.
② 분석적이고 논리적인 편이다.
③ 단념하는 것은 반드시 필요한 것이라고 생각한다.
④ 결과보다는 과정을 중요시한다.

| ㄱ | ① | ② | ③ | ④ |
| ㅁ | ① | ② | ③ | ④ |

94
① 자신의 능력 밖의 일을 하지 않는 것이 좋다.
② 스트레스 해소를 위해 집에서 조용히 휴식을 취한다.
③ 남의 앞에 나서는 것을 좋아하지 않는다.
④ 약속시간에는 항상 여유 있게 도착하는 편이다.

| ㄱ | ① | ② | ③ | ④ |
| ㅁ | ① | ② | ③ | ④ |

95
① 모든 일에 유연하게 대응하는 편이다.
② 같은 일을 계속하여도 잘 하지 못한다.
③ 적은 친구랑 깊게 사귀는 편이다.
④ 체험을 중요하게 생각한다.

| ㄱ | ① | ② | ③ | ④ |
| ㅁ | ① | ② | ③ | ④ |

96
① 돈이 없으면 걱정이 된다.
② 남들보다 손재주가 뛰어나다.
③ 남의 주목을 받고 싶어 하는 편이다.
④ 다수결의 의견에 따르는 편이다.

| ㄱ | ① | ② | ③ | ④ |
| ㅁ | ① | ② | ③ | ④ |

97
① 혼자서 식당에 들어가서 밥을 먹는 것이 전혀 두렵지 않다.
② 승부근성이 매우 강하다.
③ 지금까지 살면서 타인에게 폐를 끼친 적이 없다.
④ 나는 매우 변덕스런 사람이다.

| ㄱ | ① | ② | ③ | ④ |
| ㅁ | ① | ② | ③ | ④ |

98
① 내가 알고 있는 비밀을 다른 사람에게 쉽게 말해 버린다.
② 영화를 보고 운 적이 있다.
③ 금방 싫증을 내는 편이다.
④ 남을 잘 배려하는 편이다.

| ㄱ | ① | ② | ③ | ④ |
| ㅁ | ① | ② | ③ | ④ |

99
① 생각하고 나서 행동하는 편이다.
② 비판력이 강하다.
③ 감수성이 풍부하다.
④ 흐린 날은 반드시 우산을 챙긴다.

| ㄱ | ① | ② | ③ | ④ |
| ㅁ | ① | ② | ③ | ④ |

100
① 질서보다는 자유를 중요시하는 편이다.
② 영화나 드라마를 보면 등장인물의 감정에 이입된다.
③ 나는 조직의 일원으로는 어울리지 않는다.
④ 업무는 인간관계가 중요하다고 생각한다.

| ㄱ | ① | ② | ③ | ④ |
| ㅁ | ① | ② | ③ | ④ |

101 ① 다른 사람을 설득시키는 것이 어렵지 않다.

② 다른 사람이 내 의견에 간섭하는 것이 싫다.

③ 시간 약속을 어기는 것을 싫어한다.

④ 술자리에서 술을 마시지 않아도 흥을 돋을 수 있다.

ㄱ	①	②	③	④
ㅁ	①	②	③	④

102 ① 독자적으로 행동하는 편이다.

② 자주 후회를 하는 편이다.

③ 나만의 세계를 가지고 있다는 소릴 들어본 적 있다.

④ 남들에게 이것저것 말하는 것을 좋아한다.

ㄱ	①	②	③	④
ㅁ	①	②	③	④

103 ① 이왕 할 거라면 무조건 일등이 되어야 한다고 생각한다.

② 자기계발을 위해 항상 노력하는 편이다.

③ 다른 사람의 행동을 주의 깊게 관찰한다.

④ 선물은 가격보다 마음이 중요하다고 생각한다.

ㄱ	①	②	③	④
ㅁ	①	②	③	④

104 ① 나의 책상 위나 서랍은 항상 깨끗이 정돈되어 있다.

② 하기 싫은 일을 하고 있으면 무심코 불만을 말한다.

③ 기회가 있으면 반드시 얻는 편이다.

④ 말을 하는 것보다 주로 듣는 편이다.

ㄱ	①	②	③	④
ㅁ	①	②	③	④

PART

IV

면접

01 면접의 기본

1 면접준비

(1) 면접의 기본 원칙

① **면접의 의미** … 면접이란 다양한 면접기법을 활용하여 지원한 직무에 필요한 능력을 지원자가 보유하고 있는지를 확인하는 절차라고 할 수 있다. 즉, 지원자의 입장에서는 채용 직무수행에 필요한 요건들과 관련하여 자신의 환경, 경험, 관심사, 성취 등에 대해 기업에 직접 어필할 수 있는 기회를 제공받는 것이며, 기업의 입장에서는 서류전형만으로 알 수 없는 지원자에 대한 정보를 직접적으로 수집하고 평가하는 것이다.

② **면접의 특징** … 면접은 기업의 입장에서 서류전형이나 필기전형에서 드러나지 않는 지원자의 능력이나 성향을 볼 수 있는 기회로, 면대면으로 이루어지며 즉흥적인 질문들이 포함될 수 있기 때문에 지원자가 완벽하게 준비하기 어려운 부분이 있다. 하지만 지원자 입장에서도 서류전형이나 필기전형에서 모두 보여주지 못한 자신의 능력 등을 기업의 인사담당자에게 어필할 수 있는 추가적인 기회가 될 수도 있다.

[서류 · 필기전형과 차별화되는 면접의 특징]

- 직무수행과 관련된 다양한 지원자 행동에 대한 관찰이 가능하다.
- 면접관이 알고자 하는 정보를 심층적으로 파악할 수 있다.
- 서류상의 미비한 사항과 의심스러운 부분을 확인할 수 있다.
- 커뮤니케이션 능력, 대인관계 능력 등 행동·언어적 정보도 얻을 수 있다.

③ **면접의 유형**

㉠ **구조화 면접**: 구조화 면접은 사전에 계획을 세워 질문의 내용과 방법, 지원자의 답변 유형에 따른 추가 질문과 그에 대한 평가 역량이 정해져 있는 면접 방식으로 표준화 면접이라고도 한다.

- 표준화된 질문이나 평가요소가 면접 전 확정되며, 지원자는 편성된 조나 면접관에 영향을 받지 않고 동일한 질문과 시간을 부여받을 수 있다.

- 조직 또는 직무별로 주요하게 도출된 역량을 기반으로 평가요소가 구성되어, 조직 또는 직무에서 필요한 역량을 가진 지원자를 선발할 수 있다.
- 표준화된 형식을 사용하는 특성 때문에 비구조화 면접에 비해 신뢰성과 타당성, 객관성이 높다.

ⓛ 비구조화 면접 : 비구조화 면접은 면접 계획을 세울 때 면접 목적만을 명시하고 내용이나 방법은 면접관에게 전적으로 일임하는 방식으로 비표준화 면접이라고도 한다.
  - 표준화된 질문이나 평가요소 없이 면접이 진행되며, 편성된 조나 면접관에 따라 지원자에게 주어지는 질문이나 시간이 다르다.
  - 면접관의 주관적인 판단에 따라 평가가 이루어져 평가 오류가 빈번히 일어난다.
  - 상황 대처나 언변이 뛰어난 지원자에게 유리한 면접이 될 수 있다.

④ 경쟁력 있는 면접 요령
  ㉠ 면접 전에 준비하고 유념할 사항
  - 예상 질문과 답변을 미리 작성한다.
  - 작성한 내용을 문장으로 외우지 않고 키워드로 기억한다.
  - 지원한 회사의 최근 기사를 검색하여 기억한다.
  - 지원한 회사가 속한 산업군의 최근 기사를 검색하여 기억한다.
  - 면접 전 1주일간 이슈가 되는 뉴스를 기억하고 자신의 생각을 반영하여 정리한다.
  - 찬반토론에 대비한 주제를 목록으로 정리하여 자신의 논리를 내세운 예상답변을 작성한다.

  ㉡ 면접장에서 유념할 사항
  - 질문의 의도 파악 : 답변을 할 때에는 질문 의도를 파악하고 그에 충실한 답변이 될 수 있도록 질문사항을 유념해야 한다. 많은 지원자가 하는 실수 중 하나로 답변을 하는 도중 자기 말에 심취되어 질문의 의도와 다른 답변을 하거나 자신이 알고 있는 지식만을 나열하는 경우가 있는데, 이럴 경우 의사소통능력이 부족한 사람으로 인식될 수 있으므로 주의하도록 한다.
  - 답변은 두괄식 : 답변을 할 때에는 두괄식으로 결론을 먼저 말하고 그 이유를 설명하는 것이 좋다. 미괄식으로 답변을 할 경우 용두사미의 답변이 될 가능성이 높으며, 결론을 이끌어 내는 과정에서 논리성이 결여될 우려가 있다. 또한 면접관이 결론을 듣기 전에 말을 끊고 다른 질문을 추가하는 예상치 못한 상황이 발생될 수 있으므로 답변은 자신이 전달하고자 하는 바를 먼저 밝히고 그에 대한 설명을 하는 것이 좋다.

- 지원한 회사의 기업정신과 인재상을 기억 : 답변을 할 때에는 회사가 원하는 인재라는 인상을 심어주기 위해 지원한 회사의 기업정신과 인재상 등을 염두에 두고 답변을 하는 것이 좋다. 모든 회사에 해당되는 두루뭉술한 답변보다는 지원한 회사에 맞는 맞춤형 답변을 하는 것이 좋다.
- 나보다는 회사와 사회적 관점에서 답변 : 답변을 할 때에는 자기중심적인 관점을 피하고 좀 더 넓은 시각으로 회사와 국가, 사회적 입장까지 고려하는 인재임을 어필하는 것이 좋다. 자기중심적 시각을 바탕으로 자신의 출세만을 위해 회사에 입사하려는 인상을 심어줄 경우 면접에서 불이익을 받을 가능성이 높다.
- 난처한 질문은 정직한 답변 : 난처한 질문에 답변을 해야 할 때에는 피하기보다는 정면 돌파로 정직하고 솔직하게 답변하는 것이 좋다. 난처한 부분을 감추고 드러내지 않으려 회피하려는 지원자의 모습은 인사담당자에게 입사 후에도 비슷한 상황에 처했을 때 회피할 수도 있다는 우려를 심어줄 수 있다. 따라서 직장생활에 있어 중요한 덕목 중 하나인 정직을 바탕으로 솔직하게 답변을 하도록 한다.

(2) 면접의 종류 및 준비 전략

① 인성면접

  ㉠ 면접 방식 및 판단기준
  - 면접 방식 : 인성면접은 면접관이 가지고 있는 개인적 면접 노하우나 관심사에 의해 질문을 실시한다. 주로 입사지원서나 자기소개서의 내용을 토대로 지원동기, 과거의 경험, 미래 포부 등을 이야기하도록 하는 방식이다.
  - 판단기준 : 면접관의 개인적 가치관과 경험, 해당 역량의 수준, 경험의 구체성·진실성 등
  ㉡ 특징 : 인성면접은 그 방식으로 인해 역량과 무관한 질문들이 많고 지원자에게 주어지는 면접질문, 시간 등이 다를 수 있다. 또한 입사지원서나 자기소개서의 내용을 토대로 하기 때문에 지원자별 질문이 달라질 수 있다.

ⓒ 예시 문항 및 준비전략

• 예시 문항

> • 3분 동안 자기소개를 해 보십시오.
> • 자신의 장점과 단점을 말해 보십시오.
> • 학점이 좋지 않은데 그 이유가 무엇입니까?
> • 최근에 인상 깊게 읽은 책은 무엇입니까?
> • 회사를 선택할 때 중요시하는 것은 무엇입니까?
> • 일과 개인생활 중 어느 쪽을 중시합니까?
> • 10년 후 자신은 어떤 모습일 것이라고 생각합니까?
> • 휴학 기간 동안에는 무엇을 했습니까?

• 준비전략 : 인성면접은 입사지원서나 자기소개서의 내용을 바탕으로 하는 경우가 많으므로 자신이 작성한 입사지원서와 자기소개서의 내용을 충분히 숙지하도록 한다. 또한 최근 사회적으로 이슈가 되고 있는 뉴스에 대한 견해를 묻거나 시사상식 등에 대한 질문을 받을 수 있으므로 이에 대한 대비도 필요하다. 자칫 부담스러워 보이지 않는 질문으로 가볍게 대답하지 않도록 주의하고 모든 질문에 입사 의지를 담아 성실하게 답변하는 것이 중요하다.

② 발표면접

㉠ 면접 방식 및 판단기준

• 면접 방식 : 지원자가 특정 주제와 관련된 자료를 검토하고 그에 대한 자신의 생각을 면접관 앞에서 주어진 시간 동안 발표하고 추가 질의를 받는 방식으로 진행된다.
• 판단기준 : 지원자의 사고력, 논리력, 문제해결력 등

㉡ 특징 : 발표면접은 지원자에게 과제를 부여한 후, 과제를 수행하는 과정과 결과를 관찰·평가한다. 따라서 과제수행 결과뿐 아니라 수행과정에서의 행동을 모두 평가할 수 있다.

ⓒ 예시 문항 및 준비전략
• 예시 문항

[신입사원 조기 이직 문제]
※ 지원자는 아래에 제시된 자료를 검토한 뒤, 신입사원 조기 이직의 원인을 크게 3가지로 정리하고 이에 대한 구체적인 개선안을 도출하여 발표해 주시기 바랍니다.
※ 본 과제에 정해진 정답은 없으나 논리적 근거를 들어 개선안을 작성해 주십시오.

• A기업은 동종업계 유사기업들과 비교해 볼 때, 비교적 높은 재무안정성을 유지하고 있으며 업무강도가 그리 높지 않은 것으로 외부에 알려져 있음.
• 최근 조사결과, 동종업계 유사기업들과 연봉을 비교해 보았을 때 연봉 수준도 그리 나쁘지 않은 편이라는 것이 확인되었음.
• 그러나 지난 3년간 1~2년차 직원들의 이직률이 계속해서 증가하고 있는 추세이며, 경영진 회의에서 최우선 해결과제 중 하나로 거론되었음.
• 이에 따라 인사팀에서 현재 1~2년차 사원들을 대상으로 개선되어야 하는 A기업의 조직문화에 대한 설문조사를 실시한 결과, '상명하복식의 의사소통'이 36.7%로 1위를 차지했음.
• 이러한 설문조사와 함께, 신입사원 조기 이직에 대한 원인을 분석한 결과 파랑새 증후군, 셀프홀릭 증후군, 피터팬 증후군 등 3가지로 분류할 수 있었음.

〈동종업계 유사기업들과의 연봉 비교〉   〈우리 회사 조직문화 중 개선되었으면 하는 것〉

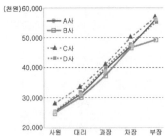

〈신입사원 조기 이직의 원인〉
• 파랑새 증후군
－현재의 직장보다 더 좋은 직장이 있을 것이라는 막연한 기대감으로 끊임없이 새로운 직장을 탐색함.
－학력 수준과 맞지 않는 '하향지원', 전공과 적성을 고려하지 않고 일단 취업하고 보자는 '묻지마 지원'이 파랑새 증후군을 초래함.
• 셀프홀릭 증후군
－본인의 역량에 비해 가치가 낮은 일을 주로 하면서 갈등을 느낌.
• 피터팬 증후군
－기성세대의 문화를 무조건 수용하기보다는 자유로움과 변화를 추구함.
－상명하복, 엄격한 규율 등 기성세대가 당연시하는 관행에 거부감을 가지며 직장에 답답함을 느낌.

- 준비전략 : 발표면접의 시작은 과제 안내문과 과제 상황, 과제 자료 등을 정확하게 이해하는 것에서 출발한다. 과제 안내문을 침착하게 읽고 제시된 주제 및 문제와 관련된 상황의 맥락을 파악한 후 과제를 검토한다. 제시된 기사나 그래프 등을 충분히 활용하여 주어진 문제를 해결할 수 있는 해결책이나 대안을 제시하며, 발표를 할 때에는 명확하고 자신 있는 태도로 전달할 수 있도록 한다.

③ 토론면접

ㄱ 면접 방식 및 판단기준
- 면접 방식 : 상호갈등적 요소를 가진 과제 또는 공통의 과제를 해결하는 내용의 토론과제를 제시하고, 그 과정에서 개인 간의 상호작용 행동을 관찰하는 방식으로 면접이 진행된다.
- 판단기준 : 팀워크, 적극성, 갈등 조정, 의사소통능력, 문제해결능력 등

ㄴ 특징 : 토론을 통해 도출해 낸 최종안의 타당성도 중요하지만, 결론을 도출해 내는 과정에서의 의사소통능력이나 갈등상황에서 의견을 조정하는 능력 등이 중요하게 평가되는 특징이 있다.

ㄷ 예시 문항 및 준비전략
- 예시 문항

- 군 가산점제 부활에 대한 찬반토론
- 담뱃값 인상에 대한 찬반토론
- 비정규직 철폐에 대한 찬반토론
- 대학의 영어 강의 확대 찬반토론
- 워크숍 장소 선정을 위한 토론

- 준비전략 : 토론면접은 무엇보다 팀워크와 적극성이 강조된다. 따라서 토론과정에 적극적으로 참여하며 자신의 의사를 분명하게 전달하며, 갈등상황에서 자신의 의견만 내세울 것이 아니라 다른 지원자의 의견을 경청하고 배려하는 모습도 중요하다. 갈등상황을 일목요연하게 정리하여 조정하는 등의 의사소통능력을 발휘하는 것도 좋은 전략이 될 수 있다.

④ 상황면접

ㄱ 면접 방식 및 판단기준
- 면접 방식 : 상황면접은 직무 수행 시 접할 수 있는 상황들을 제시하고, 그러한 상황에서 어떻게 행동할 것인지를 이야기하는 방식으로 진행된다.
- 판단기준 : 해당 상황에 적절한 역량의 구현과 구체적 행동지표

ⓛ 특징 : 실제 직무 수행 시 접할 수 있는 상황들을 제시하므로 입사 이후 지원자의 업무수행능력을 평가하는 데 적절한 면접 방식이다. 또한 지원자의 가치관, 태도, 사고 방식 등의 요소를 통합적으로 평가하는 데 용이하다.

ⓒ 예시 문항 및 준비전략

• 예시 문항

> 당신은 생산관리팀의 팀원으로, 생산팀이 기한에 맞춰 효율적으로 제품을 생산할 수 있도록 관리하는 역할을 맡고 있습니다. 3개월 뒤에 제품A를 정상적으로 출시하기 위해 생산팀의 생산 계획을 수립한 상황입니다. 그러나 원가가 곧 실적으로 이어지는 구매팀에서는 최대한 원가를 줄여 전반적 단가를 낮추려고 원가절감을 위한 제안을 하였으나, 연구개발팀에서는 구매팀이 제안한 방식으로 제품을 생산할 경우 대부분이 구매팀의 실적으로 산정될 것이므로 제대로 확인도 해보지 않은 채 적합하지 않은 방식이라고 판단하고 있습니다. 당신은 어떻게 하겠습니까?

• 준비전략 : 상황면접은 먼저 주어진 상황에서 핵심이 되는 문제가 무엇인지를 파악하는 것에서 시작한다. 주질문과 세부질문을 통하여 질문의 의도를 파악하였다면, 그에 대한 구체적인 행동이나 생각 등에 대해 응답할수록 높은 점수를 얻을 수 있다.

⑤ 역할면접

ⓖ 면접 방식 및 판단기준

• 면접 방식 : 역할면접 또는 역할연기 면접은 기업 내 발생 가능한 상황에서 부딪히게 되는 문제와 역할을 가상적으로 설정하여 특정 역할을 맡은 사람과 상호작용하고 문제를 해결해 나가도록 하는 방식으로 진행된다. 역할연기 면접에서는 면접관이 직접 역할연기를 하면서 지원자를 관찰하기도 하지만, 역할연기 수행만 전문적으로 하는 사람을 투입할 수도 있다.

• 판단기준 : 대처능력, 대인관계능력, 의사소통능력 등

ⓛ 특징 : 역할면접은 실제 상황과 유사한 가상 상황에서의 행동을 관찰함으로서 지원자의 성격이나 대처 행동 등을 관찰할 수 있다.

ⓒ 예시 문항 및 준비전략

• 예시 문항

> [금융권 역할면접의 예]
> 당신은 ○○은행의 신입 텔러이다. 사람이 많은 월말 오전 한 할아버지(면접관 또는 역할담당자)께서 ○○은행을 사칭한 보이스피싱으로 500만 원을 피해 보았다며 소란을 일으키고 있다. 실제 업무상황이라고 생각하고 상황에 대처해 보시오.

• 준비전략 : 역할연기 면접에서 측정하는 역량은 주로 갈등의 원인이 되는 문제를 해결 하고 제시된 해결방안을 상대방에게 설득하는 것이다. 따라서 갈등해결, 문제해결, 조정 · 통합, 설득력과 같은 역량이 중요시된다. 또한 갈등을 해결하기 위해서 상대방에 대한 이해도 필수적인 요소이므로 고객 지향을 염두에 두고 상황에 맞게 대처해야 한다.

역할면접에서는 변별력을 높이기 위해 면접관이 압박적인 분위기를 조성하는 경우가 많기 때문에 스트레스 상황에서 불안해하지 않고 유연하게 대처할 수 있도록 시간과 노력을 들여 충분히 연습하는 것이 좋다.

2 면접 이미지 메이킹

(1) 성공적인 이미지 메이킹 포인트

① 복장 및 스타일

㉠ 남성

• 양복 : 양복은 단색으로 하며 넥타이나 셔츠로 포인트를 주는 것이 효과적이다. 짙은 회색이나 감청색이 가장 단정하고 품위 있는 인상을 준다.
• 셔츠 : 흰색이 가장 선호되나 자신의 피부색에 맞추는 것이 좋다. 푸른색이나 베이지색은 산뜻한 느낌을 줄 수 있다. 양복과의 배색도 고려하도록 한다.
• 넥타이 : 의상에 포인트를 줄 수 있는 아이템이지만 너무 화려한 것은 피한다. 지원자의 피부색은 물론, 정장과 셔츠의 색을 고려하며, 체격에 따라 넥타이 폭을 조절하는 것이 좋다.
• 구두 & 양말 : 구두는 검정색이나 짙은 갈색이 어느 양복에나 무난하게 어울리며 깔끔하게 닦아 준비한다. 양말은 정장과 동일한 색상이나 검정색을 착용한다.
• 헤어스타일 : 머리스타일은 단정한 느낌을 주는 짧은 헤어스타일이 좋으며 앞머리가 있다면 이마나 눈썹을 가리지 않는 선에서 정리하는 것이 좋다.

ⓛ 여성

> • 의상 : 단정한 스커트 투피스 정장이나 슬랙스 슈트가 무난하다. 블랙이나 그레이, 네이비, 브라운 등 차분해 보이는 색상을 선택하는 것이 좋다.
> • 소품 : 구두, 핸드백 등은 같은 계열로 코디하는 것이 좋으며 구두는 너무 화려한 디자인이나 굽이 높은 것을 피한다. 스타킹은 의상과 구두에 맞춰 단정한 것으로 선택한다.
> • 액세서리 : 액세서리는 너무 크거나 화려한 것은 좋지 않으며 과하게 많이 하는 것도 좋은 인상을 주지 못한다. 착용하지 않거나 작고 깔끔한 디자인으로 포인트를 주는 정도가 적당하다.
> • 메이크업 : 화장은 자연스럽고 밝은 이미지를 표현하는 것이 좋으며 진한 색조는 인상이 강해 보일 수 있으므로 피한다.
> • 헤어스타일 : 커트나 단발처럼 짧은 머리는 활동적이면서도 단정한 이미지를 줄 수 있도록 정리한다. 긴 머리의 경우 하나로 묶거나 단정한 머리망으로 정리하는 것이 좋으며, 짙은 염색이나 화려한 웨이브는 피한다.

② 인사

㉠ 인사의 의미 : 인사는 예의범절의 기본이며 상대방의 마음을 여는 기본적인 행동이라고 할 수 있다. 인사는 처음 만나는 면접관에게 호감을 살 수 있는 가장 쉬운 방법이 될 수 있기도 하지만 제대로 예의를 지키지 않으면 지원자의 인성 전반에 대한 평가로 이어질 수 있으므로 각별히 주의해야 한다.

㉡ 인사의 핵심 포인트

• 인사말 : 인사말을 할 때에는 밝고 친근감 있는 목소리로 하며, 자신의 이름과 수험번호 등을 간략하게 소개한다.
• 시선 : 인사는 상대방의 눈을 보며 하는 것이 중요하며 너무 빤히 쳐다본다는 느낌이 들지 않도록 주의한다.
• 표정 : 인사는 마음에서 우러나오는 존경이나 반가움을 표현하고 예의를 차리는 것이므로 살짝 미소를 지으며 하는 것이 좋다.
• 자세 : 인사를 할 때에는 가볍게 목만 숙인다거나 흐트러진 상태에서 인사를 하지 않도록 주의하며 절도 있고 확실하게 하는 것이 좋다.

③ 시선처리와 표정, 목소리

㉠ **시선처리와 표정** : 표정은 면접에서 지원자의 첫인상을 결정하는 중요한 요소이다. 얼굴표정은 사람의 감정을 가장 잘 표현할 수 있는 의사소통 도구로 표정 하나로 상대방에게 호감을 주거나, 비호감을 사기도 한다. 호감이 가는 인상의 특징은 부드러운 눈썹, 자연스러운 미간, 적당히 볼록한 광대, 올라간 입 꼬리 등으로 가볍게 미소를 지을 때의 표정과 일치한다. 따라서 면접 중에는 밝은 표정으로 미소를 지어 호감을 형성할 수 있도록 한다. 시선은 면접관과 고르게 맞추되 생기 있는 눈빛을 띄도록 하며, 너무 빤히 쳐다본다는 인상을 주지 않도록 한다.

㉡ **목소리** : 면접은 주로 면접관과 지원자의 대화로 이루어지므로 목소리가 미치는 영향이 상당하다. 답변을 할 때에는 부드러우면서도 활기차고 생동감 있는 목소리로 하는 것이 면접관에게 호감을 줄 수 있으며 적당한 제스처가 더해진다면 상승효과를 얻을 수 있다. 그러나 적절한 답변을 하였음에도 불구하고 콧소리나 날카로운 목소리, 자신감 없는 작은 목소리는 답변의 신뢰성을 떨어뜨릴 수 있으므로 주의하도록 한다.

④ 자세

㉠ **걷는 자세**
- 면접장에 입실할 때에는 상체를 곧게 유지하고 발끝은 평행이 되게 하며 무릎을 스치듯 11자로 걷는다.
- 시선은 정면을 향하고 턱은 가볍게 당기며 어깨나 엉덩이가 흔들리지 않도록 주의한다.
- 발바닥 전체가 닿는 느낌으로 안정감 있게 걸으며 발소리가 나지 않도록 주의한다.
- 보폭은 어깨넓이만큼이 적당하지만, 스커트를 착용했을 경우 보폭을 줄인다.
- 걸을 때도 미소를 유지한다.

㉡ **서있는 자세**
- 몸 전체를 곧게 펴고 가슴을 자연스럽게 내민 후 등과 어깨에 힘을 주지 않는다.
- 정면을 바라본 상태에서 턱을 약간 당기고 아랫배에 힘을 주어 당기며 바르게 선다.
- 양 무릎과 발뒤꿈치는 붙이고 발끝은 11자 또는 V형을 취한다.
- 남성의 경우 팔을 자연스럽게 내리고 양손을 가볍게 쥐어 바지 옆선에 붙이고, 여성의 경우 공수자세를 유지한다.

ⓒ 앉은 자세

• 남성

> • 의자 깊숙이 앉고 등받이와 등 사이에 주먹 1개 정도의 간격을 두며 기대듯 앉지 않도록 주의한다. (남녀 공통 사항)
> • 무릎 사이에 주먹 2개 정도의 간격을 유지하고 발끝은 11자를 취한다.
> • 시선은 정면을 바라보며 턱은 가볍게 당기고 미소를 짓는다. (남녀 공통 사항)
> • 양손은 가볍게 주먹을 쥐고 무릎 위에 올려놓는다.
> • 앉고 일어날 때에는 자세가 흐트러지지 않도록 주의한다. (남녀 공통 사항)

• 여성

> • 스커트를 입었을 경우 왼손으로 뒤쪽 스커트 자락을 누르고 오른손으로 앞쪽 자락을 누르며 의자에 앉는다.
> • 무릎은 붙이고 발끝을 가지런히 하며, 다리를 왼쪽으로 비스듬히 기울이면 단정해 보이는 효과가 있다.
> • 양손을 모아 무릎 위에 모아 놓으며 스커트를 입었을 경우 스커트 위를 가볍게 누르듯이 올려놓는다.

(2) 면접 예절

① 행동 관련 예절

ⓐ 지각은 절대금물 : 시간을 지키는 것은 예절의 기본이다. 지각을 할 경우 면접에 응시할 수 없거나, 면접 기회가 주어지더라도 불이익을 받을 가능성이 높아진다. 따라서 면접장소가 결정되면 교통편과 소요시간을 확인하고 가능하다면 사전에 미리 방문해 보는 것도 좋다. 면접 당일에는 서둘러 출발하여 면접 시간 20~30분 전에 도착하여 회사를 둘러보고 환경에 익숙해지는 것도 성공적인 면접을 위한 요령이 될 수 있다.

ⓑ 면접 대기 시간 : 지원자들은 대부분 면접장에서의 행동과 답변 등으로만 평가를 받는 다고 생각하지만 그렇지 않다. 면접관이 아닌 면접진행자 역시 대부분 인사실무자이며 면접관이 면접 후 지원자에 대한 평가에 있어 확신을 위해 면접진행자의 의견을 구한다면 면접진행자의 의견이 당락에 영향을 줄 수 있다. 따라서 면접 대기 시간에도 행동과 말을 조심해야 하며, 면접을 마치고 돌아가는 순간까지도 긴장을 늦춰서는 안 된다. 면접 중 압박적인 질문에 답변을 잘 했지만, 면접장을 나와 흐트러진 모습을 보이거나 욕설을 한다면 면접 탈락의 요인이 될 수 있으므로 주의해야 한다.

ⓒ 입실 후 태도 : 본인의 차례가 되어 호명되면 또렷하게 대답하고 들어간다. 만약 면접장 문이 닫혀 있다면 상대에게 소리가 들릴 수 있을 정도로 노크를 두세 번 한 후 대답을 듣고 나서 들어가야 한다. 문을 여닫을 때에는 소리가 나지 않게 조용히 하며 공손한 자세로 인사한 후 성명과 수험번호를 말하고 면접관의 지시에 따라 자리에 앉는다. 이 경우 착석하라는 말이 없는데 먼저 의자에 앉으면 무례한 사람으로 보일 수 있으므로 주의한다. 의자에 앉을 때에는 끝에 앉지 말고 무릎 위에 양손을 가지런히 얹는 것이 예절이라고 할 수 있다.

ⓔ 옷매무새를 자주 고치지 마라. : 일부 지원자의 경우 옷매무새 또는 헤어스타일을 자주 고치거나 확인하기도 하는데 이러한 모습은 과도하게 긴장한 것 같아 보이거나 면접에 집중하지 못하는 것으로 보일 수 있다. 남성 지원자의 경우 넥타이를 자꾸 고쳐 맨다거나 정장 상의 끝을 너무 자주 만지작거리지 않는다. 여성 지원자는 머리를 계속 쓸어 올리지 않고, 특히 짧은 치마를 입고서 신경이 쓰여 치마를 끌어 내리는 행동은 좋지 않다.

ⓜ 다리를 떨거나 산만한 시선은 면접 탈락의 지름길 : 자신도 모르게 다리를 떨거나 손가락을 만지는 등의 행동을 하는 지원자가 있는데, 이는 면접관의 주의를 끌 뿐만 아니라 불안하고 산만한 사람이라는 느낌을 주게 된다. 따라서 가능한 한 바른 자세로 앉아 있는 것이 좋다. 또한 면접관과 시선을 맞추지 못하고 여기저기 둘러보는 듯한 산만한 시선은 지원자가 거짓말을 하고 있다고 여겨지거나 신뢰할 수 없는 사람이라고 생각될 수 있다.

② 답변 관련 예절

ⓖ 면접관이나 다른 지원자와 가치 논쟁을 하지 않는다. : 질문을 받고 답변하는 과정에서 면접관 또는 다른 지원자의 의견과 다른 의견이 있을 수 있다. 특히 평소 지원자가 관심이 많은 문제이거나 잘 알고 있는 문제인 경우 자신과 다른 의견에 대해 이의가 있을 수 있다. 하지만 주의할 것은 면접에서 면접관이나 다른 지원자와 가치 논쟁을 할 필요는 없다는 것이며 오히려 불이익을 당할 수도 있다. 정답이 정해져 있지 않은 경우에는 가치관이나 성장배경에 따라 문제를 받아들이는 태도에서 답변까지 충분히 차이가 있을 수 있으므로 굳이 면접관이나 다른 지원자의 가치관을 지적하고 고치려 드는 것은 좋지 않다.

ⓛ 답변은 항상 정직해야 한다. : 면접이라는 것이 아무리 지원자의 장점을 부각시키고 단점을 축소시키는 것이라고 해도 절대로 거짓말을 해서는 안 된다. 거짓말을 하게 되면 지원자는 불안하거나 꺼림칙한 마음이 들게 되어 면접에 집중을 하지 못하게 되고 수많은 지원자를 상대하는 면접관은 그것을 놓치지 않는다. 거짓말은 그 지원자에 대한 신뢰성을 떨어뜨리며 이로 인해 다른 스펙이 아무리 훌륭하다고 해도 채용에서 탈락하게 될 수 있음을 명심하도록 한다.

ⓒ 경력직을 경우 전 직장에 대해 험담하지 않는다. : 지원자가 전 직장에서 무슨 업무를 담당했고 어떤 성과를 올렸는지는 면접관이 관심을 둘 사항일 수 있지만, 이전 직장의 기업문화나 상사들이 어땠는지는 그다지 궁금해 하는 사항이 아니다. 전 직장에 대해 험담을 늘어놓는다든가, 동료와 상사에 대한 악담을 하게 된다면 오히려 지원자에 대한 부정적인 이미지만 심어줄 수 있다. 만약 전 직장에 대한 말을 해야 할 경우가 생긴다면 가능한 한 객관적으로 이야기하는 것이 좋다.

ⓔ 자기 자신이나 배경에 대해 자랑하지 않는다. : 자신의 성취나 부모 형제 등 집안사람들이 사회·경제적으로 어떠한 위치에 있는지에 대한 자랑은 면접관으로 하여금 지원자에 대해 오만한 사람이거나 배경에 의존하려는 나약한 사람이라는 이미지를 갖게 할 수 있다. 따라서 자기 자신이나 배경에 대해 자랑하지 않도록 하고, 자신이 한 일에 대해서 너무 자세하게 얘기하지 않도록 주의해야 한다.

3 면접 질문 및 답변 포인트

(1) 가족 및 대인관계에 관한 질문

① 당신의 가정은 어떤 가정입니까?

면접관들은 지원자의 가정환경과 성장과정을 통해 지원자의 성향을 알고 싶어 이와 같은 질문을 한다. 비록 가정 일과 사회의 일이 완전히 일치하는 것은 아니지만 '가화만사성'이라는 말이 있듯이 가정이 화목해야 사회에서도 화목하게 지낼 수 있기 때문이다. 그러므로 답변 시에는 가족사항을 정확하게 설명하고 집안의 분위기와 특징에 대해 이야기하는 것이 좋다.

② 친구 관계에 대해 말해 보십시오.

지원자의 인간성을 판단하는 질문으로 교우관계를 통해 답변자의 성격과 대인관계능력을 파악할 수 있다. 새로운 환경에 적응을 잘하여 새로운 친구들이 많은 것도 좋지만, 깊고 오래 지속되어온 인간관계를 말하는 것이 더욱 바람직하다.

(2) 성격 및 가치관에 관한 질문

① 당신의 PR포인트를 말해 주십시오.

PR포인트를 말할 때에는 지나치게 겸손한 태도는 좋지 않으며 적극적으로 자기를 주장하는 것이 좋다. 앞으로 입사 후 하게 될 업무와 관련된 자기의 특성을 구체적인 일화를 더하여 이야기하도록 한다.

② 당신의 장·단점을 말해 보십시오.

지원자의 구체적인 장·단점을 알고자 하기 보다는 지원자가 자기 자신에 대해 얼마나 알고 있으며 어느 정도의 객관적인 분석을 하고 있나, 그리고 개선의 노력 등을 시도하는지를 파악하고자 하는 것이다. 따라서 장점을 말할 때는 업무와 관련된 장점을 뒷받침할 수 있는 근거와 함께 제시하며, 단점을 이야기할 때에는 극복을 위한 노력을 반드시 포함해야 한다.

③ 가장 존경하는 사람은 누구입니까?

존경하는 사람을 말하기 위해서는 우선 그 인물에 대해 알아야 한다. 잘 모르는 인물에 대해 존경한다고 말하는 것은 면접관에게 바로 지적당할 수 있으므로, 추상적이라도 좋으니 평소에 존경스럽다고 생각했던 사람에 대해 그 사람의 어떤 점이 좋고 존경스러운지 대답하도록 한다. 또한 자신에게 어떤 영향을 미쳤는지도 언급하면 좋다.

(3) 학교생활에 관한 질문

① 지금까지의 학교생활 중 가장 기억에 남는 일은 무엇입니까?

가급적 직장생활에 도움이 되는 경험을 이야기하는 것이 좋다. 또한 경험만을 간단하게 말하지 말고 그 경험을 통해서 얻을 수 있었던 교훈 등을 예시와 함께 이야기하는 것이 좋으나 너무 상투적인 답변이 되지 않도록 주의해야 한다.

② 성적은 좋은 편이었습니까?

면접관은 이미 서류심사를 통해 지원자의 성적을 알고 있다. 그럼에도 불구하고 이 질문을 하는 것은 지원자가 성적에 대해서 어떻게 인식하느냐를 알고자 하는 것이다. 성적이 나빴던 이유에 대해서 변명하려 하지 말고 담백하게 받아드리고 그것에 대한 개선노력을 했음을 밝히는 것이 적절하다.

③ 학창시절에 시위나 집회 등에 참여한 경험이 있습니까?

기업에서는 노사분규를 기업의 사활이 걸린 중대한 문제로 인식하고 거시적인 차원에서 접근한다. 이러한 기업문화를 제대로 인식하지 못하여 학창시절의 시위나 집회 참여 경험을 자랑스럽게 답변할 경우 감점요인이 되거나 심지어는 탈락할 수 있다는 사실에 주의한다. 시위나 집회에 참가한 경험을 말할 때에는 타당성과 정도에 유의하여 답변해야 한다.

(4) 지원동기 및 직업의식에 관한 질문

① 왜 우리 회사를 지원했습니까?

이 질문은 어느 회사나 가장 먼저 물어보고 싶은 것으로 지원자들은 기업의 이념, 대표의 경영능력, 재무구조, 복리후생 등 외적인 부분을 설명하는 경우가 많다. 이러한 답변도 적절하지만 지원 회사의 주력 상품에 관한 소비자의 인지도, 경쟁사 제품과의 시장점유율을 비교하면서 입사동기를 설명한다면 상당히 주목 받을 수 있을 것이다.

② 만약 이번 채용에 불합격하면 어떻게 하겠습니까?

불합격할 것을 가정하고 회사에 응시하는 지원자는 거의 없을 것이다. 이는 지원자를 궁지로 몰아넣고 어떻게 대응하는지를 살펴보며 입사 의지를 알아보려고 하는 것이다. 이 질문은 너무 깊이 들어가지 말고 침착하게 답변하는 것이 좋다.

③ 당신이 생각하는 바람직한 사원상은 무엇입니까?

직장인으로서 또는 조직의 일원으로서의 자세를 묻는 질문으로 지원하는 회사에서 어떤 인재상을 요구하는 가를 알아두는 것이 좋으며, 평소에 자신의 생각을 미리 정리해 두어 당황하지 않도록 한다.

④ 직무상의 적성과 보수의 많음 중 어느 것을 택하겠습니까?

이런 질문에서 회사 측에서 원하는 답변은 당연히 직무상의 적성에 비중을 둔다는 것이다. 그러나 적성만을 너무 강조하다 보면 오히려 솔직하지 못하다는 인상을 줄 수 있으므로 어느 한 쪽을 너무 강조하거나 경시하는 태도는 바람직하지 못하다.

⑤ 상사와 의견이 다를 때 어떻게 하겠습니까?

과거와 다르게 최근에는 상사의 명령에 무조건 따르겠다는 수동적인 자세는 바람직하지 않다. 회사에서는 때에 따라 자신이 판단하고 행동할 수 있는 직원을 원하기 때문이다. 그러나 지나치게 자신의 의견만을 고집한다면 이는 팀원 간의 불화를 야기할 수 있으며 팀 체제에 악영향을 미칠 수 있으므로 선호하지 않는다는 것에 유념하여 답해야 한다.

⑥ 근무지가 지방인데 근무가 가능합니까?

근무지가 지방 중에서도 특정 지역은 되고 다른 지역은 안 된다는 답변은 바람직하지 않다. 직장에서는 순환 근무라는 것이 있으므로 처음에 지방에서 근무를 시작했다고 해서 계속 지방에만 있는 것은 아님을 유의하고 답변하도록 한다.

(5) 여가 활용에 관한 질문 – 취미가 무엇입니까?

기초적인 질문이지만 특별한 취미가 없는 지원자의 경우 대답이 애매할 수밖에 없다. 그래서 가장 많이 대답하게 되는 것이 독서, 영화감상, 혹은 음악감상 등과 같은 흔한 취미를 말하게 되는데 이런 취미는 면접관의 주의를 끌기 어려우며 설사 정말 위와 같은 취미를 가지고 있다하더라도 제대로 답변하기는 힘든 것이 사실이다. 가능하면 독특한 취미를 말하는 것이 좋으며 이제 막 시작한 것이라도 열의를 가지고 있음을 설명할 수 있으면 그것을 취미로 답변하는 것도 좋다.

(6) 지원자를 당황하게 하는 질문

① **성적이 좋지 않은데 이 정도의 성적으로 우리 회사에 입사할 수 있다고 생각합니까?**

비록 자신의 성적이 좋지 않더라도 이미 서류심사에 통과하여 면접에 참여하였다면 기업에서는 지원자의 성적보다 성적 이외의 요소, 즉 성격·열정 등을 높이 평가했다는 것이라고 할 수 있다. 그러나 이런 질문을 받게 되면 지원자는 당황할 수 있으나 주눅 들지 말고 침착하게 대처하는 면모를 보인다면 더 좋은 인상을 남길 수 있다.

② **우리 회사 회장님 함자를 알고 있습니까?**

회장이나 사장의 이름을 조사하는 것은 면접일을 통고받았을 때 이미 사전 조사되었어야 하는 사항이다. 단답형으로 이름만 말하기보다는 그 기업에 입사를 희망하는 지원자의 입장에서 답변하는 것이 좋다.

③ **당신은 이 회사에 적합하지 않은 것 같군요.**

이 질문은 지원자의 입장에서 상당히 곤혹스러울 수밖에 없다. 질문을 듣는 순간 그렇다면 면접은 왜 참가시킨 것인가 하는 생각이 들 수도 있다. 하지만 당황하거나 흥분하지 말고 침착하게 자신의 어떤 면이 회사에 적당하지 않는지 겸손하게 물어보고 지적당한 부분에 대해서 고치겠다는 의지를 보인다면 오히려 자신의 능력을 어필할 수 있는 기회로 사용할 수도 있다.

④ **다시 공부할 계획이 있습니까?**

이 질문은 지원자가 합격하여 직장을 다니다가 공부를 더 하기 위해 회사를 그만 두거나 학습에 더 관심을 두어 일에 대한 능률이 저하될 것을 우려하여 묻는 것이다. 이때에는 당연히 학습보다는 일을 강조해야 하며, 업무 수행에 필요한 학습이라면 업무에 지장이 없는 범위에서 야간학교를 다니거나 회사에서 제공하는 연수 프로그램 등을 활용하겠다고 답변하는 것이 적당하다.

⑤ **지원한 분야가 전공한 분야와 다른데 여기 일을 할 수 있겠습니까?**

수험생의 입장에서 본다면 지원한 분야와 전공이 다르지만 서류전형과 필기전형에 합격하여 면접을 보게 된 경우라고 할 수 있다. 이는 결국 해당 회사의 채용 방침상 전공에 크게 영향을 받지 않는다는 것이므로 무엇보다 자신이 전공하지는 않았지만 어떤 업무도 적극적으로 임할 수 있다는 자신감과 능동적인 자세를 보여주도록 노력하는 것이 좋다.

02 면접기출

1 KCC건설 면접기출

- 건축을 선택한 계기는 무엇인가?

- 좋아하는 건축물과 그 이유는 무엇인가?

- 최근 읽은 책에 대해 말해보시오.

- 현장에서 잘 버틸 자신이 있는가?

- 건설회사에 지원한 동기와 해당 직무에 지원한 동기를 말해보시오.

- 본인은 얼마를 가지고 있어야 행복하다고 생각하는가?

- 취미가 헬스인데, 몸이 별로다. 그 이유는 무엇인가?

- 특기가 축구인데, 본인에 대한 점수를 준다면 몇 점을 줄 것인가?

- KCC건설에 들어와서 하고 싶은 일은 무엇인가?

- 좋아하는 건축물에 대해 말해보시오.

- KCC건설을 영어로 설명해보시오.

- 건설과 관련된 다른 회사에도 지원했는가?

- 면접을 위해 준비한 것들을 말해보시오.

- 입사 후에도 영어 점수가 중요하다고 생각하는가?

- 입사하게 된다면 어떤 직무로 일하기를 희망하는가?

- 준비했던 자기소개말고 다른 방식으로 본인을 표현해보시오.

- 시공 업무 중에서 현장과 공무 둘 중 무엇을 선택할 것인가?

- 압밀과 다짐의 차이를 설명해보시오.

- 현장 인부들과 마찰이 있을 시 어떻게 대응할 것인가?

- 1분 동안 자기소개해보시오.

- 교량을 건설하다 보면 처음 예상했던 곳에서 연결부위 오차가 생길 수 있는데 어떻게 대처하겠는가?

- 마지막으로 하고 싶은 말을 해보시오.

- 사장교와 현수교의 차이점을 설명해보시오.

- 서중콘크리트와 한중콘크리트의 차이점을 말해보시오.

- 요즘 대학교 4학년 학생들이 듣는 과목은 무엇인가?

- 전공과목보다 교양과목을 많이들은 이유는 무엇인가?

- 추운지방에서 시멘트를 끓여서 사용하는 이유는 무엇인가?

- CAD를 다룰 줄 아는가?

- 미분양 주택의 해소를 위한 방안은 무엇이라고 생각하는가?

- 흙막이벽 붕괴를 예방하는 방법은 무엇인가?

- 친환경 건축의 신재생에너지는 무엇인가?

- 콘크리트 균열의 원인과 대책에 대해 말해보시오.

- 친환경 건축에 대해 아는대로 설명해보시오.

- 흙막이 공법의 종류와 특징에 대해 설명해보시오.

- 보금자리주택에 대해서 아는대로 설명해보시오.

- payline이란 무엇인가?

- RQD란 무엇인가?

- 부마찰력이란 무엇인가?

- 흙, 시멘트, 골재의 평균 단위 중량은?

- 이펙트 크래셔란 무엇인가?

- 커튼 그라우트란 무엇인가?

- 유토곡선이란 무엇인가?

서원각과 함께

꿈의 날개를 펴라

한국서부발전

한국농수산식품유통공사

한국전력공사

국민체육진흥공단

온라인강의와
함께 공부하자!

공무원 | 자격증 | NCS | 부사관·장교

네이버 검색창과 유튜브에 소정미디어를 검색해보세요.
다양한 강의로 학습에 도움을 받아보세요.

유튜브무료강의

소정미디어 홈페이지에서
다양한 강의를 확인해보세요.